U0932305

2019年重庆市社科规划特别委托重大项目
重庆市北碚区、西南大学校地合作重大项目
重庆市北碚区重大文化精品工程

民俗北碚

杨亭　等◎编著

图书在版编目(CIP)数据

民俗北碚 / 杨亭等编著. -- 重庆 : 西南大学出版社, 2024.6
(北碚文化丛书)
ISBN 978-7-5697-2074-7

Ⅰ. ①民… Ⅱ. ①杨… Ⅲ. ①风俗习惯—介绍—北碚区 Ⅳ. ①K892.471.3

中国国家版本馆CIP数据核字(2024)第101999号

民俗北碚
MINSU BEIBEI

杨　亭　等　编著

选题策划 | 蒋登科　秦　俭　张　昊
责任编辑 | 秦　俭
责任校对 | 杜珍辉
装帧设计 | 闰江文化
排　　版 | 贝　岚
出版发行 | 西南大学出版社(原西南师范大学出版社)
地址:重庆市北碚区天生路2号
邮编:400715
电话:023-68868624
印　　刷 | 重庆升光电力印务有限公司
成品尺寸 | 145 mm×210 mm
印　　张 | 9
字　　数 | 185千字
版　　次 | 2024年6月 第1版
印　　次 | 2024年6月 第2次印刷
书　　号 | ISBN 978-7-5697-2074-7
定　　价 | 58.00元(平装)

本书编委会

编　著：杨　亭　刘　森　黄　闽
　　　　刘　童　孙澜僖
参　编：邢　欢　曾梓莘　回诺亚

总序

周　勇[1]

习近平总书记在新时代文化建设方面提出了一系列新思想新观点新论断，丰富和发展了马克思主义文化理论，构成了习近平新时代中国特色社会主义思想的文化篇，形成了习近平文化思想。习近平总书记还多次对传承和弘扬重庆历史文化作出重要论述，提出明确要求，寄予殷切期望。

重庆是一座具有悠久历史、灿烂文化、优秀人文精神和光荣革命传统，人文荟萃、底蕴厚重的历史文化名城。在江峡相拥的山水之间，大山的脉动与大江的潮涌相互激荡，自然的壮美与创造的瑰丽交相辉映，城镇的繁华与乡村的宁静相得益彰，展现出江山之城的恢宏气势，绽放出美美与共的璀璨风采。

① 周勇，中国抗日战争史学会副会长、中国城市史研究会副会长、重庆史研究会会长、教授、博士生导师。

在3000多年的发展史上，重庆出现过多层次、多领域、多形态的文化现象，其中居于主体地位的是巴渝文化、三峡文化、抗战文化、革命文化、统战文化、移民文化。它们是居于重庆历史和文化顶层，最具代表性和符号意义的文化元素，由此构成了独具特色的重庆历史文化体系。其中，巴渝文化、革命文化彼此相连，贯通始终，传承演化，共同构成今日重庆历史文化体系的学理基石，也是形成今日重庆人文精神以及重庆人、重庆城性格特征的文化基因。三峡文化、移民文化、抗战文化、统战文化，是在不同历史时期和历史环境中，于重庆大地上产生的特色文化。在漫漫历史长河的不同阶段中，发挥着独特的作用，至今仍是重庆历史文化中极具特色的因素，发挥着核心竞争力的作用。

北碚，地处缙云山麓、嘉陵江畔，是一个产生过凤凰涅槃般传奇的地方。

100多年前，北碚还只是一个山川美丽，但匪患肆虐的小乡场。到80多年前的全面抗战时期，北碚已发展成为一座享誉中国的美丽小城。新中国成立后，北碚发生了翻天覆地的变化。如今的北碚，已经是重庆主城都市区的中心城区之一。北碚的百年发展史展现出极具时代特征的突变性、内涵式发展的特质。北碚素来生态环境优良、人民安居乐业，科学教育发达、创新活力迸发，产业发展兴盛、工业基础雄厚，尤以历史渊源悠久、文化底蕴深厚而著称。这在重庆历史文化体系中具有综合性、典型性、代表性。

近年来，在中共重庆市委的领导下，全市上下认真落实党中央部署要求，加快推进文化强市建设，开创了文化繁荣发展新局面。面对新时代、新征程的新使命和新要求，市委作出了奋力谱写新时代文化强市建设新篇章，为现代化新重庆建设注入强大精神力量的重大部署；特别强调“要大力传承弘扬中华优秀传统文化，深化历史文化研究，加强文化遗产保护，抓好优秀传统文化传承，推动巴渝文化、三峡文化、抗战文化、革命文化、统战文化、移民文化等创造性转化、创新性发展”。

在建设重庆文化强市的赛马比拼中，北碚人用满满的文化自觉与文化自信，以历史的眼光重新审视北碚，以文化的视野宏观鸟瞰北碚，以艺术的手段通俗表现北碚，从史话、名人、抗战、乡建、教育、科技、诗文、书画、民俗、景观十个方面，全面而系统地梳理了北碚的文化和历史，构成了图文并茂、鲜活生动的北碚文化长卷。这部十卷本的“北碚文化丛书”，就是北碚人书写北碚传奇的代表作，更是向时代和人民交出的一份厚重的文化答卷。

“北碚文化丛书”具有广泛的包容性。它涵盖了历史沿革、文化遗产、民俗风情、民间艺术、人文景观、贤达名流、文学艺术、教育科技等方方面面，既有地域文化的基本要素，更彰显了北碚在抗战、乡建、教育、科技等方面在中国近代历史上的突出特色。

“北碚文化丛书”以学术研究为依托，史料基础可靠，学术名家参与，表达通俗易懂，集系统性、知识性、可读性于一体，有存史资政的收藏价值和指导旅游观光的实用价值。

“北碚文化丛书”是校地合作的有益尝试，既是对北碚地方文化的一次学术性清理，在史料整理、学术研究方面展现出全面、系统的特征，也为基层地域科学地挖掘整理在地文化积累了可资借鉴的经验。

这些年来，我着力于重庆历史文化体系的研究，组织编撰了十二卷本的“重庆人文丛书”，力图勾画出“长嘉汇”源远流长，“三峡魂”雄阔壮美，“武陵风”绚丽多彩，人文荟萃、底蕴厚重的重庆历史文化名城的文化新形象。这套十卷本的“北碚文化丛书”，是继“重庆人文丛书”之后，重庆市域内出版的第一部区县文化丛书。我相信，这部饱含着浓浓乡情，充满了城市记忆，洋溢着北碚味道的文字和画面的丛书，将使北碚的历史文化得以活在当下，让北碚的历史文脉传承延续，绵绵不绝。

同时我也希望各区县都能像北碚这样虔诚地敬畏自己的历史文化，努力地整理自己的历史文化，用皇皇巨著来传承自己的历史文化，尤其是从市委提出的重庆文化新体系中找准自己的文化新定位，让生动鲜活、丰富多彩、千姿百态的区域文化，共同汇聚成彰显重庆文化新体系的百花园，建设具有中国气象，巴渝特色，万紫千红的山清水秀、美丽之地。

是为丛书总序。

目录

CONTENTS

总序 ……001

概说　生长于山水间的北碚民俗文化……001

第一部分　风味美食……005

北碚豆花……007

北泉面……012

兼善“三绝”……018

水土麻饼……023

三溪口豆腐鱼……027

童家溪酸菜鸡……031

静观小米……034

怪味胡豆……037

歇马447锦橙……041

礓上萝卜……044

缙云山甜茶……046

土沱酒……050

第二部分 民间艺术……053

静观花木……055
北泉石砚……060
北碚石雕……063
印钮雕刻……067
徽章雕刻……070
木雕……073
根雕……076
根书……080
剪纸……084
叶脉画……088
粮食画……091
线描画……095
烙画……101
刺绣……106
北泉板凳龙……110
北碚年箫……115
偏岩耍锣鼓……119
复兴贺家拳……123
龙凤车灯……126
唐门彩扎……130
蔡家草把龙……134
水土黄荆龙……138
三圣大鼓……140
川剧玩友……144

第三部分　乡情续缘……149
且说庙会……151
缘起缘续……160
（一）喜结缘——北碚传统婚俗……161
（二）缘不断——北碚传统丧礼……165

第四部分　同商共贾……171
北碚商贸……173
（一）城区市场……175
（二）乡镇集市……176
（三）北碚花市……179
北碚茶馆……182
北碚码头……188
（一）水土码头的历史……189
（二）旧时码头景象……189
（三）号子悠扬……193
（四）码头节庆……195
（五）水边的行当……198

第五部分　四时华章……205
春之篇……207
（一）立春……207
（二）雨水……211
（三）惊蛰……213
（四）春分……214

（五）清明……217
（六）谷雨……220
夏之篇……224
（一）立夏……225
（二）小满……227
（三）芒种……229
（四）夏至……232
（五）小暑……234
（六）大暑……237
秋之篇……240
（一）立秋……240
（二）处暑……242
（三）白露……244
（四）秋分……246
（五）寒露……248
（六）霜降……250
冬之篇……252
（一）立冬……252
（二）小雪……254
（三）大雪……256
（四）冬至……258
（五）小寒……260
（六）大寒……262
二十四节气之外的春节……264
后记……271

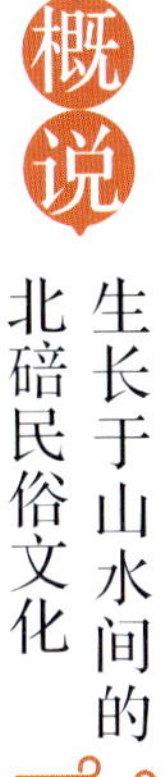

北碚地处重庆市北郊，因老城庙嘴处有一巨石伸入嘉陵江心，古人称为“碚”，故得名“北碚”。旧为江（江北）、巴（巴县）、璧（璧山）、合（合川）四县边界之地，历经嘉陵江三峡乡村建设实验区署、北碚管理局、北碚市、重庆市北碚区等建制的历史变迁。

缙云山和嘉陵江为北碚区的形成和发展提供了优越的自然条件。

缙云山是川东名山、重庆的人文名山、著名风景名胜区，《舆地纪胜》中称其为巴山。其山横亘一百余公里，有九峰，最高峰海拔约900米。仰观则奇峰耸翠，高插入云，风景郁丽，形势绝佳；俯瞰则悬崖峭壁，松涛翻涌，万木竞秀，气象宏阔。这里珍稀植物众多，生活着与恐龙同时代的桫椤、“中国鸽子树”珙桐、“癌症克星”红豆杉、缙云四照花、北碚槭等，还储藏着丰富的煤矿资源。

嘉陵江北碚段，风光绮丽。河谷深切的沥鼻峡、温塘峡和观音峡，两岸危崖壁立，河道逼仄，奇峻幽绝，素有“小三峡”之称。嘉陵江不知疲倦地奔流着，不仅滋养了北碚的田野，也给北碚带来了丰富的水产资源，除了寻常鱼虾，这里还生活着中华鲟、白鲟、达氏鲟、江团、岩原鲤、胭脂鱼等珍稀鱼类。

1982年，经国务院批准，缙云山、北温泉、合川钓鱼城以及北碚至钓鱼城间嘉陵江沿岸风景名胜（嘉陵江小三峡），成为全国首批44个国家重点风景名胜区之一，统称为“重庆缙云山风景名胜区”，对其有“山岳江河、温泉峡谷、丛林古刹、溪流瀑布、奇葩异卉展示了巴山蜀水幽、险、雄的特色”之评语。

山水交织中的北碚城，有北碚场、澄江口、黄葛树、文星场等大聚落，也有幺店子、天生桥、何家嘴、板桥、槽房口、双石鼓等小聚落。大、小聚落皆兴商贸，除百货等日常商品之外，缙云山上的竹子，也是重要的贸易物品，逢场日运至场镇出售，以供建民房，制家具、矿洞用具及木船用具，以及造纸之用。交通的繁荣、人员的汇聚，促进了服务业和娱乐业的发展，各类餐饮店铺兴盛，酿酒、制茶等手工作坊应运而生，就地取材、富有地方特色的手工制品种类繁多，北碚的竹编、藤编、漆艺、剪纸、木雕、石雕等，工艺独特，远近闻名。旧时，北碚的水土和澄江两个水码头，一到夜晚，灯火通明，人声鼎沸，美食、杂耍样样有，南来北往的人，喜欢在这里吃茶"摆龙门阵"，所谓"好耍不过澄江口"，说的就是这里独有的社会生活形态。

除了天赋的自然条件，特殊的人文条件也给北碚的民俗文化留下了深深的烙印。地处江巴璧合四地边界的地理位置，使北碚受到四地民间文化的浸染；卢作孚领导的嘉陵江三峡乡村建设，不仅推动了乡土北碚向现代化转型，也给北碚民俗增添了新的活力；抗日战争时期，大量移民从全国各地迁到北碚，他们将自己的生活习惯、生产知识、价值观念带到北碚，与北碚当地民众的生产生活相融合，给北碚民俗注入了新元素；新中国成立后，一批“三线”建设工厂的迁入、随经济发展而日益富足的物质条件、社会主义精神文明建设的不断推进等，使北碚民俗不断受到外乡民俗、时代进步的影响，有了崭新的面貌。历史与现实的因素交织融合，使北碚民俗文化呈现出开放性、包容性特征，既有历史的深深印记，又映现出新时代的精神特质。

北碚民俗，是飘荡在嘉陵江上铿锵激越的川江号子，是流行于坊间市集诙谐幽默的“言子儿”，是庙会戏台上《禹门关》里演绎的爱恨情仇……是萦绕在北碚山水间的浓浓的人间烟火气，在北碚人衣食住行、婚丧嫁娶、劳动生产的细节中散发着迷人的魅力，在这一方水土之上代代传承，成为北碚的美丽文化符号。

第一部分

风味美食

味道，源于饮食，又超越饮食。它就像附着在每个人身上的定位系统，无论漂泊在何处，只要你明晰属于自己的“味道”，便永远不会迷失家的方向。当每座城市的表征日益趋同时，“味道”就成为最好的地理标识。它不仅替我们辨识着城市特征，也替我们辨识着自己。有时，我们不得不面对旧事物的消逝，甚至是“有些东西我们今天拍了，明天就没有了”（陈晓卿语）的现实困窘与迷茫。于是，用文字将其记录下来，是我们了解、熟知、记忆它们的最好方式。让我们在有限的时光里与城市的那些独特的风味相遇，当它们还存在的时候去亲近它们。那闭着眼睛亦可辨识的香醇的“味道”，让我们在漂泊的人生路上永远心有所念，是我们记忆中的“乡愁”。

得天独厚的自然条件、丰饶的物产，成就了北碚的美食。北碚美食众多，豆花、北泉面、兼善“三绝”、水土麻饼、三溪口豆腐鱼、童家溪酸菜鸡、静观小米、怪味胡豆……说起自己家乡的美食，北碚人总是如数家珍，滔滔不绝。每一道美食，都有北碚山水的味道、时间的味道，甚至人情的味道。这些味道在时光中沉淀，成为这片土地上的一种气息，成为北碚人心中的一份念想，很难分清这些味道究竟是缠绕在舌尖，还是萦绕在心间。

北碚豆花

汪曾祺曾说，“没有喝过豆汁儿，不算到过北京”。同样的话套用在北碚身上也适用：没有吃过北碚的豆花饭，不算来过北碚。豆花，是北碚的一张名片。

面前小小的土陶碗里，满得快要溢出来，白白嫩嫩地铺在碗中，让人下筷的时候不免小心翼翼，生怕劲使大了会伤着它。挑起来时，虽在筷子上颤颤巍巍，却绵扎不断，入口鲜美化渣，豆香浓郁，这就是北碚豆花。

⊙白白嫩嫩的豆花[①]

① 本书图片未特别注明摄影者的，均由北碚区委宣传部供图。

北碚豆花多是“河水豆花”，因为豆花的制作离不开水，而用嘉陵江的水制作的豆花，味道更鲜美。在没有自来水的年代，担水人从江里挑水上街，供豆花馆制作豆花。豆花生意越好，担水人就越忙碌。那些担水人逢坡爬坡，逢坎上坎，水桶里的水映着他们艰辛的影子，汗水打湿了粗布衣。

制作北碚地道的河水豆花，需要经过多道精细的工序。

把前一晚泡好的豆子一把一把地放入石磨中，一边细磨，一边加水，这样慢慢推出来的豆浆，点的豆花才细嫩。磨出的豆浆，用滤布过滤一遍后，倒入特制的锅里，开足大火煮开。豆浆烧开之后，撇去浮沫，便可以点卤了。点制人将盐卤用水化开，用长柄瓢舀上卤水，慢慢地、均匀地沿着浆面从里往外点，一直点到浆面起鱼子般的小孔（俗称“鱼子眼”）为止。由于豆浆和卤水一接触就会迅速凝固，所以点卤一定要把握好时机。

⊙点卤

在点的过程中，要不断观察豆浆的变化，当锅里的豆浆渐渐变成像棉花或白云一样的絮状，就可以开始压制豆花了。这一步十分关键，同一口锅里，能不能做出三种口感的豆花，全靠这一步。压的时候先用筲箕轻压，继而在筲箕中放碗重压，压制的力度、面积、时间，全靠经验去把握。要把锅里面像云一样的絮状物，压成平整的一块豆花。一锅豆花，靠锅边近一点的，口感要老一些，是老豆花，中间的要嫩一些，是嫩豆花，最中心的最嫩，一荡一荡地飘浮着，像水面的荷叶一样，所以叫荷叶豆花。

⊙压制豆花

三种豆花各有其妙，老豆花绵扎，嫩豆花细腻，“荷叶”轻滑，入口即化。食客可根据自己的喜好选择。

豆花调和（即佐料，也称蘸水）的制作也至为重要，调和是豆花的“点睛之笔”，北碚人吃豆花，从某种意义上说，就是吃调和。讲究的调和要用到辣椒、花椒、川盐、蒜泥、姜汁、芝麻、花生仁、麻油、葱花等二十来种佐料。

一碟好调和，可以让豆花的精髓得到完美的诠释。吃豆花有不同的讲究。吃“荷叶”时，要轻轻夹起，筷子稍竖起来沥掉窖水，然后轻轻蘸佐料，不然豆花容易散，这种吃法叫“青雀点水”。而吃老豆花的时候，夹一块放在调料碟里，滚来滚去都不会散，这种滚来滚去的蘸佐料法，叫“犀牛滚澡”。

⊙豆花调和

豆花堪称米饭的绝配，就是一碗素豆花下饭，也让人欲罢不能。且价廉物美，经济实惠，因此深受社会各阶层人士的喜爱。

20世纪30年代，北碚蜀东饭店的豆花宴就已颇有名气。抗战期间，“三千名流”汇聚北碚，卢作孚曾屡次以北碚豆花宴请文化名人，如老舍、郭沫若、梁漱溟、梁实秋等。北碚豆花的美味，抚慰了因战乱而流亡在外的异乡人的忧思。

豆花下饭，是许多北碚人的“心头好”。北碚有很多豆花店，“张豆花”就是其中很有口碑的一家。与很多老字号相比，“张豆花”开店的时间不算长，1997年才在北碚滨江路拥有了自己的招牌,但张豆花祖上几代都是做豆花的,靠着祖传手艺和精益求精的态度,"张豆花"得到了食客的称许。继之商标注册后,"张豆花"于2000年迁至碚峡路80号,一直生意火爆,被北碚区政府命名为"北碚名吃",还被列入了重庆市非物质文化遗产名录。但是,这家朴实的豆花店从未改变自己的初衷,几十年如一日,以其美味可口的菜品、经济实惠的价格、淳朴周到的服务,赢得了北碚人的心。走进"张豆花",络绎不绝的顾客、熟悉的吆喝声,一切如昨,那朴实之风,是豆花的气质,让人心中感到踏实而温馨。

曾经嘉陵江上络绎不绝挑水的身影,已悄然留在了历史的记忆里。山城的坡坡坎坎,见证了北碚豆花的发展。从一颗颗普通的黄豆,到一碗碗美味的豆花,豆花那香气四溢的民间风味,如缕缕暖阳,抚慰着人们的胃和心。

如果你问,北碚的豆花究竟是什么味道?可以回答,那或许就是人间的味道吧!因为,你可以在一筷如白玉凝脂的豆花中,品尝到劳动者的朴实,土地的芬芳,江水的甘甜,以及人世的欢声笑语。至味在人间!

北泉面

提起重庆，人们往往首先会想到“辣”，而提起重庆的面，人们又不由自主地会想到“重庆小面”。经《舌尖上的中国》传播之后，一时间全国各地开了很多重庆小面店。殊不知，重庆面食虽然以麻辣为主，但是也不乏北泉手工面这样清淡可口的面食。只需要一把北泉面条、小小的一匙猪油、一撮葱花、几根藤藤菜，即可做出一碗汤鲜味美的面条。一碗清汤北泉面，虽然只有简单的青白二色，味道却不简单。

北泉面的起源十分有趣。传说在北碚的温泉寺，有一次厨房的小和尚做馒头没有发好面，便把它做成了面条，结果发现这样做出来的面条，竟然中间是空的，很是新奇。面条煮好后，众僧人被其美味所折服。到了同治年间，富有经商头脑的隆素和尚做了温泉寺的住持。他联合俗兄张海洲在飞泉坎上开办了一家面坊。利用水力带动飞轮磨出面粉，再沿用温泉寺制面的方法做出面条售卖，因此人们把他们制作的面条称为“水磨面”，由于面坊地处北温泉，因此又称其为北泉面。

北泉面制作有十八道工序，材料的配比经过了数代人的不断优化，一代代师傅对制面技艺的传承要求严苛。经验老到的师傅会根据季节的不同和天气的变化对材料配比进行调整，于春夏秋冬、阴晴雨雾中见不同，其匠心之细致，于此可见一斑。

北泉面的制作，和面很关键，需要手工揉面，使面筋的网络全部打开，这样揉出来的面才够筋道，拉面的时候不易断开，是一道耗时耗力的工序。揉好的面团要放在案桌上醒面，醒面的时间四季不同，阴晴雨雾天也有别。

面团经过初醒后，被分切成10余厘米厚的条块，制面师傅将这些条块连接成粗细一致的长条，堆在案桌上进行第二次醒面。醒面过程中，为了减少水分蒸发，要在面团上刷小磨香油。在保持面团湿润的同时，香油也会渗透到面条中。醒过的长面条由两名制面师傅通过拉、甩等，初步变细。然后制面师傅在面条表面撒上豌豆粉，再刷上一层香油，继续醒面。制面师傅每隔一段时间，就要根据手感去判断面是否醒到位了。如果觉得醒面醒到位了，就会如前面的环节，由两人合作，把面条拉扯成更细的条状，盘在面盆里进行第四次醒面，再刷香油、撒豌豆粉。

⊙制面师将北泉面上棍

上棍是整个过程中最难的一步。把一根竹棍、一根铁棍同时插在墙上的“羊角孔”里面（竹棍和铁棍的组合是因为竹棍有韧性，铁棍有硬度），把盆中的面条搓成菱形，正反向缠绕在棍子上面，一根棍子要有40个面圈、40个面叉才算规范。上棍的面条要放在饧槽中继续醒面，制面师傅偶尔还要去拉扯一下，让面条得到最大程度的舒展。醒好的面条从饧槽中取出后，要进行分面，再拉扯，在拉扯时扑上全青豌豆粉，继续拉细，再用面棍将面条分开至根根分明。豌豆粉除了可以让面条口感更顺滑，也是北泉面煮熟后，即使放一晚上，第二天回锅依然不会泥成团的秘密。

⊙制面师傅在烘干房里拉面

过去，北泉面是在户外晾晒干燥，后因卫生问题，改在厂房内用热风将面条烘干。这样，即使下雨天和雾霾天，也可以在干燥的环境里烘干面条。在烘干房里拉面的过程，也是检验一名制面师手艺是否精湛的时刻。若是前面哪一个环节没有做好，此时面条韧性不够，拉面的时候就会断掉，拉不出银丝面，所以人们多以北泉面的粗细来鉴定它的品质。

冬日的烘干房里暖融融的，在热风中飘荡的面条，让人想起二月春风中的柳丝。空气和面粉在这里继续产生反应，北泉面空心的秘密，就在干燥的这几个小时里。

切面是最后一道工序，烘干的面条会按照顾客的需求切成不同的长度。在这个过程中仍需反复揉搓、筛选，把易断的、不整齐的、粘连的面条全部剔除出去。

每做一次面，从黑夜到白天需要十几个小时。北泉面触感粗糙，表面布满豌豆粉凝结的颗粒，这也是手工面区别于非手工面的特征。在制面过程中不停撒豌豆粉防止粘连，最后豌豆粉就如糖霜一样附着在面条上了。北泉面最让人称奇的空心特点，是面粉和酵母在空气中共同完成的杰作。而面棍头尾的面团和淘汰掉的面条也不会浪费，可以留作下一次做酵母面。

⊙北泉手工空心面成品

北泉面历经多次改良，有着细如丝、白如雪、中心空通和入口滑嫩、回锅不泥的特点，受到大众的青睐。

虽然飞速发展的工业技术对传统手工业造成了极大的冲击，北泉面也不例外，但是，新时代也给北泉面制作技艺的传承带来了新的机遇，愿北泉面的制作工艺能一直传承下去，让更多的人品尝到北泉面的美妙滋味。

兼善“三绝”

《孟子》有言:“穷则独善其身,达则兼善天下。”儒家箴言始终激励着华夏儿女披荆斩棘,以天下为己任,以海纳百川的气度,践行“为生民立命”的信仰。1940年,卢作孚、张博和、张祥银三位实业家正是怀揣着这样的初心在北碚创办了一家餐厅,他们为餐厅取名曰“兼善”。

兼善餐厅在20世纪享有盛名,吸引了众多的文人墨客、社会名流前来品尝,冯玉祥、孙科、郭沫若、老舍等人更是餐厅的常客。20世纪50年代,邓小平、贺龙、刘伯承曾两度在兼善用餐,对兼善“三绝”赞不绝口。普通百姓办喜酒,也喜欢选择兼善餐厅。

⊙民国时期的北碚人在兼善餐厅举办婚礼

人们通常所说的兼善"三绝",其实就是指兼善餐厅的三种吃食:兼善汤、兼善包和兼善面。

烹煮兼善汤,要用到鱿鱼、海参、干贝、火腿、鸡蛋、冬菇、番茄等食材,而胡椒和陈醋则是灵魂佐料。为了使食用者获得更完美的口感,要将食材泡发、揉烂或切丝,使食材更容易入味并达到入口即化的效果。烹煮要经历两个阶段:首先,取炒锅加清汤和各种食材,大火煮开;然后倒入汤罐中慢慢熬煮。兼善汤入口酸辣,对于胃口欠佳者是上等的开胃汤品。相传,20世纪40年代中期,老舍先生客居北碚,那时他正在创作《四世同堂》,由于犯胃病吃不下东西,写作也因此受到耽搁。他的夫人便买了兼善汤给先生喝,酸辣可口的兼善汤,使老舍食欲大增。老舍先生能顺利完成《四世同堂》这部皇皇巨著，也有兼善汤一份功劳。

⊙兼善汤

兼善第二绝是兼善包，它是以酱肉、荸荠和火腿为馅料，纯手工和面制皮，制成的酱肉包。包子面皮雪白，松软如海绵，张口轻轻一咬，汤汁便浸入人的口腔里，酱香味十足。

⊙兼善包

兼善的第三绝是兼善面。和普通面条相比，兼善面最大的不同就是原料中加入了南瓜泥，制作工序也更复杂。首先，要把精面粉、南瓜泥、鸡蛋三种材料充分搅拌，和好面后切成长条，拉扯成面条下入锅中。面条煮熟后捞入碗里，然后把火腿肠、番茄切好铺在面条上，再将滚烫的鸡汤浇在碗中，撒上葱花，一碗色香味俱全的兼善面就完成了。通常我们会用筋道来称赞面条，但是兼善面由于南瓜泥的加入，比较容易断，因此其最大优势并非筋道，而是营养丰富。

⊙兼善面

三样吃食，并非单纯因为味美而获得“三绝”的称号，而是这三种食物能够对身体进行调理。根据身体的不同情况，用餐顺序也有所不同。对于患食欲不振的食客来说，要先喝兼善汤，之后再吃主食，酸辣的兼善汤能起到开胃的作用。对于饮酒的食客来说，要先吃兼善包后喝兼善汤，兼善包护胃，兼善汤醒酒。为了保证“兼善三绝”

味道正宗,兼善餐厅制作“三绝”的师傅只有两个人,一个人制作兼善面和兼善包,另一个人制作兼善汤。“兼善三绝”数次被评为“中华名特小吃”“重庆市名特小吃”等,尝过的顾客都忍不住赞叹:“绝了!”几十年过去了,“兼善三绝”就像北碚这座小城中的一盏灯火,映照着卢作孚等爱国实业家的历史情怀,亦让人品味到北碚的城市精神。

食物是一座城市最微观的景色,也是一座城市最有辨识度的味道,历久弥新,亘古不变。

水土麻饼

水土镇又称水土沱，因嘉陵江流经此地时回水成沱而得名。水土镇出产的麻饼（当地称为“土沱麻饼”），皮薄香酥，远近闻名。《江北县文史资料》第四辑中对其有详细的记载，它历史悠久，用料讲究，制作精细。虽源于苏式月饼，但制饼师因地制宜，在川东人口味的基础上进行了改良，使其独具地方风味，100多年来，一直是供不应求的糕点精品。

⊙水土麻饼

20世纪20年代，陈国恩在水土老街开了一间“振江斋馆”，出售水土麻饼。振江斋馆制作的麻饼香味浓郁，口感酥脆。到了全面抗战时期，水土麻饼广受重庆人的欢迎，不仅成为中秋节最受欢迎的节令食物，并且走入了人们的日常生活中，在重庆各大茶馆和剧院都有销售。但那时产量小，不出重庆就销售一空，加上受当时包装工艺的局限，不便于长途运输，因此在重庆以外的地方并不知名。新中国成立后，尤其是现在，产量与包装问题早已得到了解决，水土麻饼已为越来越多的人所知晓、喜爱。

水土麻饼的烤制工具就是两口十分普通的锅，一口平底锅，一口吊锅。平底锅放置在灶的炭火上，用以摊放生饼；吊锅实际上就是平底锅的锅盖，通常情况下，要倒扣悬挂在吊杆上使用，因此被称为吊锅。两口锅合起来就构成了一个封闭的烤箱。在正式烤饼之前，大致需要一个半小时的时间将灶火烧到最旺，吊锅上需要糊上一层厚厚的黄泥巴用于保温，使麻饼两面可以均匀受热。灶膛的边缘也要糊一圈泥巴，如此才能够聚集灶膛里的火苗，尽可能地收集热量，还能增加一定的安全系数。由于烤锅内的温度要基本保持在500℃～600℃，因此每隔一分钟，就要将吊锅移到另一个灶膛加热以维持其高温。大块的炭在灶膛中呼呼燃烧半小时之后，要再加入碎炭填塞炭火的缝穴，使炭火燃烧得更匀净。有蓝色火苗蹿出来，说明底火的温度已经够了，这时就要把炭的表面砸平，让平底锅放上去是平整的，这样才能保证底火的均匀度。烤房温度常年在50℃以上，人站在炉边，几分钟就会大汗淋漓，而水土麻饼的制作者们却一代代坚持传承着这门手艺。

水土麻饼的第三代传承人李程说，水土麻饼之所以美味，在于其有着浓郁芝麻香味的酥皮及其精心配制的馅料。面皮由面粉与麻油加水揉合充分，用水量为面粉的50%左右。制作馅料，要先将瓜糖剁碎，冰糖碾碎，颗粒大小不超过绿豆，随后与川白糖、蜜桂花、麻油、熟粉等拌均匀。制作水土麻饼，最关键的原料是芝麻，一般选用白芝麻，芝麻要先炒熟，再撒到饼上，麻饼只要正面撒满芝麻粒即可。锅中一般放置24个表皮焦黄、泛着晶亮油光的麻饼，只需要16秒，便可完成从一张生面饼坯到香酥麻饼的蝶变过程。烤饼时，时间拿捏必须到位，少一两秒，可能饼馅儿就会夹生，多一两秒，酥皮就会焦糊。正是这16秒的火候，造就了水土麻饼令人回味的酥脆和香甜。外皮酥脆，内层甜糯香软，馅料填满饼中。轻轻咬一口，芝麻香、麦香、花香、馅料香一波一波地在味蕾上散开，层次分明。随着时代的发展，人们的口味也在不断发生变

⊙水土麻饼烤制

化，原先麻饼的主要原料是白糖、瓜糖、橘饼、芝麻、花生等，现代人的口味更挑剔，也更注重养生，因此，水土麻饼在原先口味的基础上推陈出新，有了椒盐、火腿、金钩、枣泥、桂花、玫瑰、葱香等更多口味。

水土麻饼是北碚人儿时关于“香甜”的记忆，也是北碚人记忆中故乡的味道，无论身在何方，总有一股诱人的酥香在召唤着漂泊的心灵。

三溪口豆腐鱼

嘉陵江滔滔而逝，于北碚遇白鱼石。北碚得名于此石，亦受养于此江。

重庆流传着这样一种说法：没有一条鱼能游出嘉陵江，鱼都去哪儿了呢？被做成了三溪口的豆腐鱼。

三溪口，由名而知，是三“溪”交汇之地，其间鱼虾鲜美异常。20世纪90年代初，三溪口的某处厨房里溢出了豆腐鱼的热辣香气，这香气至今仍萦绕在三溪口，且顺着嘉陵江的波涛飘向远方。

三溪口位于北碚蔡家岗镇。从北碚城区到三溪口，若走水路，沿江行船便可到达，坐车也不过过几个十字路口就到了。

三溪口的豆腐鱼庄门面简朴，和普通民居无异，富于生活气息。一天忙碌之后，能走进一间像家一样的鱼庄，像在家里一样吃顿饭，是一件令人惬意的事。“酒香不怕巷子深”，就是在这样再寻常不过的饭店里，却隐藏着一道美食的秘密。三溪口的豆腐鱼，其鱼肉嫩滑似豆腐，豆腐吸足了鱼的鲜美，麻辣鲜香、色香味俱佳，令人食之难忘。

进入鱼庄，热情的店家便会迎上来，安排座位，请客人去称鱼。这里的豆腐鱼庄都有自己专门的养鱼场所。一般有好几个水池，不同的水池中养着不同类型的鱼，有鲇鱼、花鲢、草鱼等。称鱼完毕，回到自己的座位，一边捏几颗店家赠送的炒豌豆吃着，一边谈天说地，一边等美食上桌便是。虽然豆腐鱼是鱼庄的招牌菜，但鱼庄的时蔬凉菜也做得十分令人惊艳。一盆鱼，一个凉菜，一热一凉，一荤一素，这样的搭配，颇合阴阳之道。

豆腐鱼，少不了鱼，自然也少不了豆腐。三溪口的豆腐鱼为人所知，并不是靠广告宣传，而是靠食客的口碑。为了满足美食爱好者的好奇心，一些鱼庄还欢迎食客到后厨观看烹制豆腐鱼的全过程，这样一来，三溪口豆腐鱼的生意就越发火爆了。

鱼庄后厨分工明确，一般而言，掌勺的厨师稍微年长，年轻一点的多是助理。助理厨师先把顾客选好的鱼去鳞，从里至外洗净后剔去大骨，洗净血污，再剁成小块，码上芡粉和盐。这些基础工作完成之后，掌勺师傅便正式开始烹饪。他先将一锅色泽澄亮的食用油在灶上烧沸，把鱼块放入锅里略略过一过油，马上便用笊篱捞起。过油一定得把握好时间，时间不可过长也不可过短，炸老或者没有油酥感都不可。另用一锅，将底料加水煮沸后，倒入过好油的鱼块，待鱼在锅中煮得翻滚时，取一块豆腐，用片刀将豆腐打成小块，入锅与鱼同煮。待鱼与豆腐皆呈红亮色的时候，便起锅装盘。将备好的葱花、干花椒、干辣椒段撒在豆腐鱼上，而辣度和麻度，均可根据客人的口味来决定，然后泼上煮沸的食用油。随着刺啦声穿透整个厨房，刹那间热气升腾，馥郁的鱼香扑鼻而来。

⊙三溪口豆腐鱼（一）

刚出锅的三溪口豆腐鱼，色泽红亮悦目，令人垂涎，鱼肉细嫩弹牙，在红油的包裹中，香味浓郁，令人不忍停箸。豆腐虽被切成薄片，但并不碎烂，非常入味，豆香中缠绕着鱼的鲜与花椒、辣椒撩人的焦香，令人着迷。三溪口豆腐鱼中的豆腐出自村民刘华家的豆腐作坊，作坊内有老井一口，而三溪口豆腐之所以如此好吃，除了作坊师傅制作豆腐的不传之技，同三溪口这一带的水质关系颇大。无此水，便不能成此豆腐。

如今，三溪口已形成了约3.5公里长的豆腐鱼美食街，有着30余年历史的老店都进行了个性化的店面升级改造。这些老店虽然同样都做豆腐鱼，却各有各的风格。几十年来，三溪口豆腐鱼以其令人难忘的美味，吸引了一批忠实的食客。不管路途多远，工作多忙，他们总愿意抽出时间，来这里吃一口心心念念的豆腐鱼。

⊙三溪口豆腐鱼（二） 秦廷富/摄

三溪口豆腐鱼诞生在嘉陵江畔，生长在重庆的方言里。吃一口三溪口豆腐鱼，便也算尝到了大江小城的记忆。

童家溪酸菜鸡

在北碚，每家每户都掌握着烹辣的诀窍，善烹辣味的饭店更是数不胜数。说到辣，便不能不提到童家溪的酸菜鸡。童家溪酸菜鸡以高海拔生态农场的跑山鸡、自家腌制的酸菜，以及刚从地里摘的新鲜辣椒为主要食材，鸡肉肥美鲜嫩，酸辣开胃，食之令人精神为之一振。

酸菜鸡做起来并不算难，只要掌握了方法，便可得其真味的七八分。但要做一道正宗的童家溪酸菜鸡并不简单，最难之处在于对调料的把握上。所谓“差之毫厘，失之千里”，调料用料必须精准，而这份精准，无疑是对厨师的经验与心性的考验。

首先，要准备川菜必需的调料，姜、蒜、泡椒、辣椒与花椒，此外，还需准备酸菜、小葱、菜籽油等。酸菜自然是自家腌制的好，自家腌制的酸菜，不仅酸咸适宜，而且更为脆嫩。花椒要选取新鲜的青花椒，青花椒不但味更麻，而且更清香。

制作酸菜鸡时，调料与鸡块要分别处理。在一口铁锅中倒入油，放姜、蒜、花椒、辣椒、酸菜等，一起翻炒均匀。炒香后加入骨汤，大火煮开，然后倒入提前准备好的容器中，继续文火熬煮。再将切好的木耳放入其中同煮。同时，把剁成块的鸡肉倒入锅中翻炒，然后加入熬好的骨汤，放竹笋、杏鲍菇等配菜，小火慢煮。等到鸡肉煮至粑糯，酸菜和调料的味道已被鸡肉充分吸收，就可以起锅了。

起锅时，先只舀一部分汤出来，不要让捞起的鸡块被汤没过。做菜的师傅把切好的鲜辣椒均匀铺撒在鸡块上，淋上烧滚的油。随着刺啦一声响，鲜辣椒与鸡肉的香味被油的高温激发出来，顿时香气四溢。鲜辣椒的清香与鲜辣跟着油进入汤中，因为没有经过长时间熬煮，所以这一份香辣在汤中只起到恰到好处的提味作用，不但不会盖压汤的酸爽，反而让人觉得这道菜更加开胃。别处的酸菜鸡，一般是油泼干辣椒段，油泼鲜辣椒，是童家溪酸菜鸡的独特之处。一方面，鲜辣椒的清香缓解了油腻，另一方面，油泼之后，鸡肉才够香，才够油润。

泼过热油之后，再将锅里剩下的汤汁倒入，一盆热腾腾的酸菜鸡就算完成了。此时，满屋飘散开来的香气，早已让人忍不住食指大动。大快朵颐之时,那一分酸爽中微微的辣味,会让你在不知不觉中出一身薄汗。若是冬天,浑身都暖洋洋的;若是夏天,微汗一出,神清气爽。

童家溪酸菜鸡,是酸与辣的相互拥抱。而在一盆香气弥漫的酸菜鸡面前,还有什么是让人放不下的?

静观小米

北碚静观镇有一个中华村，村子位于海拔约一千米高的华蓥山脉，这里出产的小米早就远近闻名。静观种植糯小米至今已有几百年的历史，据传，从明太祖时起，静观小米就一直是宫廷贡品，深得皇亲贵胄的喜爱，其口味也为人们津津乐道。

静观小米之所以能赢得人们的青睐，主要的原因是其营养价值高。静观小米种植方式原始，不使用化肥，不喷洒农药，绿色天然；口感细滑，具有补血益气、养颜美容的功效，对于气血不足者来说是上好的滋补品。此外，静观小米对于改善人的睡眠质量，增强人的运动机能也有助益。它不仅享有“谷中营养之王”的美誉，还被人们视为调节免疫力的纯天然健康食品。

⊙静观镇中华村小米丰收　邓公平/摄

据《本草纲目》记载，小米有诸多功能，如养肾气、去脾胃中热、益气、消渴、利尿等等，不仅可治反胃热痢，煮粥食用还能“益丹田，补虚损，开肠胃”，有益健康。静观小米中，最有名气的要数“中华糯小米”，虽然它比普通小米颗粒更小，而且颜色也不像其他小米那样金灿灿的，但是检测显示，中华糯小米含有丰富的粗蛋白质、粗脂肪、胡萝卜素、钙、铁、B组维生素等多种营养成分。正是凭借其高营养价值及传统种植方式，静观“中华糯小米”获得了国家无公害农产品认证，并入选由国际慢食协会在意大利都灵举办的第十一届“大地母亲·品味沙龙”活动中国60种优质食材。

⊙静观小米　刘娅/摄

小米的食用方法很多，比如蒸蛋、做点心等，最常见的是熬粥，小米南瓜粥、红糖小米粥、小米山药粥、蛋黄小米粥、小米红枣粥……无论哪种小米粥，都十分美味。用静观小米煮粥，先要将小米用温水浸泡2～4个小时，然后洗净，加入适量的清水熬煮，熬煮过程中需适时搅拌，以免黏锅。北碚人还喜欢用静观小米蒸排骨，小米提前用温水浸泡好，排骨加佐料腌制入味，将小米洗净后与腌好的排骨拌匀上锅蒸熟即可，既方便美味，又营养丰富。

如今，静观小米不仅是人们餐桌上的美味，也成为珍贵的地方种质资源。

怪味胡豆

胡豆是舶来品，就像番茄、洋葱一般，中国人总喜欢在这些外来食物的名字里加上“胡”“洋”等字眼，与我们的本土食物进行区分。在鲁迅先生的笔下，孔乙己钟爱的茴香豆，是绍兴风味的胡豆。北碚的胡豆，则是另一种风味，其中远近闻名，最让人念念不忘的，是“蝶花牌”怪味胡豆。

为什么会称其为“怪味”？它怪在何处？

怪味胡豆，怪就怪在其麻辣香甜咸等滋味融合无间，有一种无法言说的美妙，而且你想到什么味道，那种味道就会从混合的味道中脱离出来，让你的味蕾清晰地感知到，令人禁不住称奇道好。汪曾祺在《食豆饮水斋闲笔》中写蚕豆，提到北碚的怪味胡豆时说，“北碚的怪味胡豆味道真怪，酥、脆、咸、甜、麻、辣”。

北碚的怪味胡豆选料精细，加工复杂。以青皮胡豆为主要材料，配以白糖、饴糖、辣椒、花椒、五香粉、食盐、芝麻等众多辅料精制而成。从选料、浸泡、去嘴[①]、致酥、脱油、调酱，到冷却、调味、上糖衣、冷却，最后到成品包装，要经过十六道工序，其中有四道特殊工艺，其规格要求较高，对上糖率、碎粒碎瓣率都有严格要求。

⊙北碚怪味胡豆

怪味胡豆色泽茶黄，形如桑葚，颗粒均匀。一般的糖衣豆类食品只以香甜取胜，而怪味胡豆却甜中带咸，略带麻辣，酥香松脆，连吃不惯麻辣味的人，甚至吃惯西洋菜的外国人，都喜爱吃怪味胡豆，对它奇异的口味赞叹不

① 去嘴，指破除芽部的外壳。去过嘴的胡豆炸出来才酥脆。

已。可以说，怪味胡豆确实是佐酒伴茶、馈赠亲友的妙品。

曾有一位杭州顾客在品尝北碚的怪味胡豆后，写下了“天府名产品，香飘西子湖。寄语重庆人，下江羡巴蜀”之句。1981年11月，日本贸易振兴会食品包装技术代表团来到缙云食品厂，品尝了怪味胡豆后，人人点头称赞，团长原英先生还带了几盒回国招待亲友。泰国朋友许风翔、许可欣等人，于1981年4月10日在北温泉进餐时，吃了桌上的怪味胡豆，意犹未尽地在留言簿上写下了“风味独特，齿颊留芳”八个字。

说起怪味胡豆的由来，还有这样一个传说。20世纪20年代，熊荣成夫妇在北碚的新华路开了一家炒货店，售卖自家做的挨刀胡豆。抗战期间，老舍寓居北碚，尝过熊荣成的挨刀胡豆，觉得这酥脆的胡豆麻辣甜咸多味交织，甚是奇妙，只是觉得“挨刀”之名不好听，便建议改名为“怪味胡豆”。不知熊荣成的“挨刀胡豆”算不算是如今北碚怪味胡豆的雏形，但可以确定的是，北碚缙云食品厂于1958年创制的“蝶花牌”怪味胡豆，以它独特的风味畅销全国，并远销东南亚及欧美，于1980年获“四川省优质产品奖”，1981年被评为商业部优质产品，成为北碚著名的特产。

⊙“蝶花牌”怪味胡豆

因为怪味味型深受人们喜爱，如今，已经有很多地方、很多食品厂商生产怪味胡豆或怪味味型的其他食品。但是在北碚人的心里，“蝶花牌”怪味胡豆永远都是味道最正宗的那一款。

歇马447锦橙

如果你问北碚人:“北碚的冬天是什么味道?”一定会有人告诉你,北碚的冬天,是柑橘的味道。

柑橘喜欢温暖、湿润、阳光充沛的气候,要求年平均温度为16 ℃~22 ℃,年降雨量为1000~1500毫米。北碚地处四川盆地,属亚热带季风性湿润气候,冬暖春早,夏秋多雨,空气湿润,年平均气温18.2 ℃,年平均降水量1156.8毫米,十分适合柑橘生长。因此,早在1960年,中国农业科学院就将柑桔研究所(以下亦简称“柑研所”)设在这里,如今,由西南大学和中国农业科学院共建的柑桔研究所,早已成为蜚声中外的中国柑橘科学研究中心,拥有全国最大、世界第二的柑橘种质资源圃,目前,我国主要栽培的柑橘品种,65%以上来自柑研所。在这样优良的条件下，北碚自然也是遍植柑橘。

初冬时节，北碚的山间、乡野、果园，到处可见金灿灿的柑橘挂满枝头。其中有一种特别受人欢迎，那就是447锦橙。447锦橙呈椭圆形，果皮细薄，光洁可爱，个大味甜，果肉细嫩，汁水饱满，无籽且柑橘香味浓郁，堪称柑橘中的佼佼者。这个品种是北碚区农业局的科技人员在柑研所科研工作者的指导下育成的。

⊙北碚的柑橘　聂平/摄

1980年，北碚区农业局的科技人员在北碚歇马镇人和村板栗湾柑橘园中发现了一批早熟、无籽或少籽、果大的锦橙优良变异单株，最优秀的那株编号为447。经过北碚区农业局李谋英、柑研所高级农艺师马家骐等一批科技人员的不懈努力，以此株为基础繁育的苗木终于多点试栽成功，于1985年建立了母本园和苗圃，所以新繁育出的这个柑橘品种就取名为“447锦橙”。从此，在柑橘的大家族中，又多了一位优秀的成员，人们的生活中，又多了一种甜蜜滋味。

如今，447锦橙早已推广到全国多地栽种，无论在哪里生长，它都保持着北碚那棵母树的优良品质，正如屈原所赞，“后皇嘉树”，有着“壹志”的品格。

如果你来到北碚，一定要尝一尝这里的447锦橙。轻轻咬开晶莹剔透的果肉，让清甜的果汁淌过味蕾，你会尝到散发着馥郁芬芳的阳光的味道，那，就是北碚冬天的味道。

礵上萝卜

小雪一过，北碚的冬意就浓了。

在寒冷的天气里，要是有一碗热乎乎的萝卜汤下肚，浑身上下立马就会觉得暖洋洋的。一碗冬天的热萝卜汤，是这个季节赐予生活的小小幸福，普通而切实。

俗话说："冬吃萝卜夏吃姜，不劳医生开药方。"入冬以后，不论是菜市场还是在餐桌上，萝卜的身影随处可见。萝卜素有"小人参"之称，具有养肺润气、除燥生津的功能。在诸多萝卜品种中，特别值得一提的是北碚特产的礵上萝卜。

礵上位于中梁山脉，属深丘浅山地貌，以背斜低山区，两山一岭两槽地形为主，中宽谷连区，一湾一坝，顺斜坡地势，人造梯田颇多，等高线窄长田块，坡缓窄谷带坝，土壤以紫色土、冲积土和黄壤土为主，为典型的亚热带温暖湿润季风气候，气候条件较好，光雨热同季，非常适宜萝卜的生长与种植。

北碚的礓上萝卜是白萝卜，其色泽莹白如象牙，表皮光滑细腻，水分充足，生食爽脆甘甜，熟食细嫩化渣，深受人们的喜爱。据说，北碚的礓上萝卜从清朝就已开始种植，有迹可循的种植历史则始于20世纪六七十年代。随着现代种植技术的改进，礓上萝卜的品质愈加优良，已成为远近闻名的北碚农特优产品，不仅获得了农产品地理标志，更是冬日餐桌上深受人们欢迎的美味。

⊙礓上萝卜

冬季是储蓄生命能量的季节，是养生的佳季，让一碗温润清香的礓上萝卜汤，滋养你的健康，温暖你的冬天吧。

缙云山甜茶

缙云九峰，翠叠千重；嘉陵碧波，荣木万株。

常言道，高山云雾出好茶。其实，好茶未必出自高山，然而云雾能改善光合作用的条件，提升茶的色、香、味质量，倒是不假。缙云山海拔不算高，但长年云遮雾绕，很适宜包括茶树在内的多种植物生长。《缙云山志》记载，“山中原有野茶，俗呼矮子茶，制成清茶，味如龙井”，由此可见缙云山茶的品质之不俗。

不过，生长在缙云山山脊一带的缙云甜茶，却并非我们所熟悉的茶树，甚至连茶树的亲戚都算不上，它不是茶科植物，而是另外一种植物——木姜叶柯，属壳斗科。缙云山云雾甘露的滋养，使甜茶自然生成一种天然的香气。其嫩叶味道清甜，制成茶后，汤色金红，清爽醇甘。这是因为其中含有一种天然的黄酮类化合物“二氢查耳酮”，其甜度是蔗糖的300倍以上，热量仅为蔗糖的1/300，因此，缙云山甜茶虽滋味浓甜，却不含糖分。缙云山甜茶无毒性、无苦味，不含咖啡因，茶多酚含量高于普通茶叶，且有“三抗”（抗氧化、抗癌变、抗过敏）、“三降”（降血压、降血脂、降血糖）的功效，在注重生活品质的现代，其以优良的养生保健功能和甘润的滋味，越来越受到大众青睐。

⊙汤色金红的缙云山甜茶

缙云山的甜茶叶片细长，比柳叶略宽一二，嫩叶新绿中隐约染着紫红，像是为阳春而生的一抹烟霞。树叶散发出与众不同的幽香，清浅如远山弦月，若有若无。清风徐来时，不经意间钻入鼻腔，芜杂的内心顿时被濯洗一净。所以，虽不是传统意义上的茶树，但嗜茶之人大抵也挡不住这令人魂牵梦萦的幽香吧。

传说南朝刘宋景平元年（423）缙云寺始建之时，僧侣们就喜欢在春夏之际采撷木姜叶柯的嫩叶，进行烘焙，这大约是缙云山甜茶的发轫。缙云山甜茶能传承至今，离不开世代山居于此的茶农。清明后谷雨前，甜茶叶片肥嫩饱满，最宜采摘，早则叶过嫩，甜味不足。春日，清晨的第一缕阳光洒落之时，缙云山上，茶农们已开始了采茶工作，他们娴熟地用两根指头捏住甜茶的嫩叶，往上一提，肥嫩厚实的叶片便完好无缺地脱离枝干，还未日上中天，他们便已满载而归。此时，炒茶师已备好炉子，炉子上放着大铁锅。炒茶对火候与时间的掌握要求很高，过则香尽而味焦，不足则色红而味淡。在火的烘烤中，甜茶张扬的青涩渐渐褪尽，修炼成为圆融的醇香，甘甜不散，青翠依旧，染了几分人间烟火之气，仍不失缙云山的空灵。经过三次揉搓，一次烘干，新叶终于成茶。一片片卷曲的茶叶，如待放的芽苞，凝聚着缙云山之精华，等待着与水的再次碰撞交融。

郭沫若曾托茶寄情，作诗云："豪气千盅酒，锦心一弹花。缙云存古寺，曾与共甘茶。"当文人的才思与缙云山甜茶的雅韵真纯产生共鸣，锦心绣口间尽是馥郁茶香。全面抗战时期，文化名人黄炎培来到北碚，尝过缙云山甜茶后，不禁大加赞美："烟萝十五里，言上缙云山。心洁寻初地，峰高俯众鬟。甜茶花白致，板栗叶青斑。云际松如海，听钟试叩关。"朱德元帅来缙云山观光，也特别喜爱缙云山甜茶。1937年,北碚缙云山甜茶曾被冠以“作孚茶”[①]之名,送往法国巴黎参加万国物产展览会,成为闻名遐迩的茗中佳品。1980年,日本保健学部高级甜味专家宇田川龙先生曾对缙云山甜茶大加赞扬。在他看来,甜味是人们最易接受的味道,而缙云山甜茶是目前世界上发现的甜味植物中最理想的一种。

择一闲暇日,闲坐北碚茶馆,品一壶缙云山甜茶,阳光透过树枝散落在茶桌上,听风吹过木叶的声音,看风动影移,光斑偶然钻入茶杯,茶汤如琥珀般闪着温润的暖光。啜一小口甜茶,唇齿间顿时飞扬起淡雅芬香,让人尝到山野清新,时光缱绻。生活的滋味,便如这甜茶,余韵甘甜隽永。

① 真正的“作孚茶”并非缙云山甜茶,缙云山甜茶只在赴法参展期间被称为“作孚茶”而已。真正的“作孚茶”另有一树,是为了纪念“爱国企业家的典范”卢作孚先生而命名的一种缙云山特有植物——毛蕊柃叶连蕊茶,属山茶科,与缙云山甜茶并非一物。

土沱酒

20世纪，北碚民间就流传着这样一句顺口溜："北碚豆花土沱酒，好耍不过澄江口。"姑且不论其他，单说说这土沱酒。

自清乾隆中期以来，北碚水土逐渐成为嘉陵江下游重要的码头场镇和水陆交通要道。在这里往来停靠的船只很多，有"白天千人躬首，夜晚万盏明灯"之说，生动地描绘出其繁盛景象。尤其是全面抗战时期，水土更是繁荣一时。

1919年，江合煤矿公司的黄福斋见水土里餐饮生意兴隆，白酒需求量大，便与水土的绅商陈国安、陈明阳、龙庆荣等人合资创办了太合[1]糟坊，糟坊建在水质纯净明

① 亦有资料作"太和"。

澈、清冽甘甜的水土沱东侧山溪旁。他们又从泸州请来技师颜海清、李炳兴，酿制大曲酒。其后的酿造者又在前人的基础上不断改进，使土沱酒成为重庆有口皆碑的名优酒，不仅畅销嘉陵江沿岸城市，而且漂洋过海，远销日本、韩国等地。

水土镇土地肥沃，出产优质糯高粱、小麦。土沱酒便以本地的高粱、小麦制的酒曲，山泉为材料。制作土沱酒，要经过续糟配醅、低温发酵、双轮底增香、混蒸混烧、量质取酒、定期陈贮、勾兑调味等多道工序。制出的土沱酒浓香醇厚，绵软柔和，入口甘润，尾子纯净爽口，余味悠长。适量饮用，舒筋活血。喝过土沱酒的人都知道，土沱酒即使喝多了，也不会“打脑壳”（即不会头痛），甚至有爱酒者说，醉意朦胧之时，有种飘飘欲仙之感，很舒服，连打的酒嗝，都是香的。当地人则会告诉你，有个农民到土沱去打了散酒，回家时不小心把酒瓶打碎了，酒洒到街上，酒香飘了半条街。

⊙土沱酒

难得的是，这样好的酒，却价格低廉，不仅有钱的人爱喝，寻常的百姓也爱喝且喝得起，是码头边的挑夫、下力人在豆花馆里不用思索就能打上二两的酒，其质朴的品性，正如北碚这座小城。北碚人喝土沱酒，喜欢用土碗盛，大口喝。平时的含蓄，一碗酒下肚后，便化作了一股豪情。难怪，“北碚豆花土沱酒”这句话能一直流传到现在。相信这句话还将继续流传下去，永远流传下去，因为，土沱酒的品质，一直都在北碚人的心中。

第二部分

民间艺术

艺术来源于生活。当你看到静观花木、北泉石砚、北碚石雕、北玻磨花工艺、印钮雕刻、徽章雕刻、木雕、根雕、根书、剪纸、叶脉画、粮食画、线描画、烙画、刺绣等北碚独特的民间艺术时，一定会惊叹民间艺人的精湛技艺：日常所见的普通物什——一片嫩绿的叶子，一颗小小的米粒，一张轻盈的手绢，一张薄薄的纸，一块朴实无华的木头、石头，在北碚民间艺人的手中，都可转化为精美绝伦的艺术品，精致新奇，充满灵性。

此外，北泉板凳龙、北碚年箫、偏岩耍锣鼓、复兴贺家拳、龙凤车灯、唐门彩扎、蔡家草把龙、水土黄荆龙、三圣大鼓等具有浓郁北碚地方特色的民间艺术，也生动地展现出北碚民间艺术的丰富多彩，表达着北碚人民对美好生活的执着追求。

静观花木

北碚静观镇种植花木已有数百年的历史，素有“花卉之乡”的美誉。在数百年来的花卉种植历史中，静观镇建成了众多的花园。其中以建于清代的刘家花园、彭家花园、胡家花园，建于民国的江家花园最有代表性。四大花园中，则以胡家花园为冠。胡家花园由静观名士胡中行建于清光绪年间，20世纪40年代末称为“淳园”。

⊙静观盆景艺术

淳园占地面积1.33公顷，园中广植花木，有包括金钱松、广玉兰、丹桂、蜡梅、菱荷等在内的观赏植物100余种，约1.7万株。园内辟有亭台、水榭、假山、水池等景观，自然灵韵与人工造景浑然一体。园中四季芬芳，令人心旷神怡。春时，百花争艳，生机盎然，迎春的鹅黄还没褪去，桃花的灼灼已为大地披上锦霞。夏日，临水处荷香四溢，沁人心脾，伴随微风习习，暑意尽消。秋来，满园“尽带黄金甲”，又兼丹枫似火，浓重的色彩带来强烈的视觉冲击，令观赏者携得满袖菊香畅然而归。冬至，蜡梅凌寒而开，高洁脱俗，虽无银装素裹，亦自成景致。

刘家花园则另有一番景致。该园为刘春林的祖父建于清乾隆年间，占地0.67公顷，苗木多达1.5万余株。园内多植茶花、梅花的珍贵品种，每到花木盛开之时，姹紫嫣红，绚丽多姿。园中玉兰、紫薇、牡丹、兰花等观赏性植物品类众多，春夏之际，满园明丽色彩，阵阵花香袭来，让人流连忘返，更兼桩头盆景造型奇妙，令人赞叹不已。

彭、江等一众花园虽占地面积相对较小，园中亦不乏珍奇花木，雅致风光，另有一番趣味。倘若闲暇之余，可约三五好友前往，寻求一方乐园，徜徉在自然怀抱，感受心灵的净化。

在静观数百年的花木种植历史上，涌现了众多善于种植奇花异卉、精于盆景造型艺术的能工巧匠。静观的园林艺术巧夺天工，树桩蟠扎艺术更是在全国独树一帜，自成体系，具有层次分明，既虬曲苍劲，又飘逸隽秀的特点。静观的蟠扎造型丰富：仿照建筑物造型的如紫薇屏风及牌坊、罗汉松凉亭等，气派俨然；仿动物造型的如丹凤朝阳、双狮戏球、二龙抢宝等，形态逼真；传统造型如滚龙抱柱、马蹄拐弯、三跳升等，无不惟妙惟肖，栩栩如生。龙则腾跃飞升，马具驰骋千里之姿，虎则眈眈可畏……象之硕壮，羊之驯顺，皆神情毕肖，活灵活现。现代造型又师法苏、扬、粤等流派之长，借古桩之势以培制，颇有风韵。置于案头，可观绿云葱郁，浓荫叠翠，令人顿忘内心纷杂。

⊙静观非遗传承人聂廷学及其盆景作品 吴祥鸿/摄

蜡梅是静观镇种植的传统花木，有素心梅、磬口梅等品种。该镇的云台山曾大量种植，故有“十里山谷，十里梅林”之称。当前，蜡梅产业依然是静观镇花木种植的重点，已形成种植、加工、销售的产业链条。每年寒冬来临，静观蜡梅绽放之时，缕缕幽香，萦绕在山野大地，吸引众多的游客前来观赏，蜡梅种植亦助推了静观的旅游经济发展。

⊙静观镇蜡梅种植农户 秦廷富/摄

静观镇地处亚热带，多山间河谷。得益于得天独厚的气候条件与地理环境，草坪基地产业已经成为静观镇的特色支柱产业之一。静观草坪基地产业包含种植、生产、销售等多方面。此外，草坪基地产业的发展也推动了相关产业的兴起，如铲工队、运输队、电商队等一体化产业队伍的发展，使得园林绿化事业蒸蒸日上。草坪的科学种植既美化了环境，创造了生态效益，也给人美的视觉盛宴。人们置身于青翠的草坪，感受到的是蓬勃的生命力，绿意映入眼帘，伴着湖光山色，宛如置身世外桃源。

⊙花木之乡——北碚静观镇 王雪/摄

今天，当园林艺术已经被越来越多的人重视时，静观人也积极创新。李永清、童述荣、罗继明、聂廷学等花匠将静观蟠扎技艺应用于各个城市的园林绿化中，尽情展示着静观蟠扎艺术的姿态和风采。静观的花卉产业已成为静观镇的富民产业。静观镇也被国家林业局(今国家林草局)、中国花卉协会授予“中国花木之乡”的称号。

北泉石砚

地处北温泉的嘉陵江小三峡，流传着“上峡砚石下峡灰，中峡的磨儿经得推”的说法。

上峡，指的是沥鼻峡。沥鼻峡出产一种天青石，这种石头质地细腻，色泽黝黑，制成的石砚，不仅发墨快，而且存墨不腐，陈墨不易挥发。倘若在冬天，只要轻轻呵气，便可直接磨墨，实属冬日里一件颇具雅趣的事。因产于北温泉一带，故此石又被称作“北泉石”。

1938年，北泉公园主任邓少琴聘请了雕刻技艺冠绝一方的著名雕刻师马泽沛来制作和销售北泉石砚，从而开启了以北泉石制砚的历史。马泽沛来到北碚后，不仅创作了许多优秀的北泉石砚作品，而且还为北泉石砚的传承培养了许多年轻有实力的徒弟，这无疑加快了北泉石砚的发展步伐。

之后，北碚的治砚高手王家发创办了北泉石砚社。抗战期间，到北温泉游览的文人雅士都喜欢购买北泉石砚作为礼物赠予亲朋好友。于是，王家发创造性地将国民政府要员来北碚游历或居住时题写的书法作品，如冯玉祥用隶书题写的“好男要当兵，好铁要打钉”、林森题写的楷书“前言可法”、于右任题写的草书“清平天下望，博大圣人心”等刻到北泉石砚上进行销售，很受消费者喜爱。王家发自己动手制作的“岁寒三友”砚，在当时享有盛名。

制作北泉石砚有着较为复杂的工艺流程。首先是选择石材。石品不同，发墨就会有很大的差别。因此采石时要顺着石脉开凿，选料过程中更要仔细谨慎，要剔除有裂纹和瑕疵的石料，以保证石砚的品质。就图案设计和外观造型来说，要遵循因石造型、因图雕刻的基本方法。制作北泉石砚的工序有很多，包括开石、选料、打磨、雕刻、配盖、包装等。其中选料和雕刻是最为重要的工序，要依托于师傅的高超技艺。北泉石砚造型多为长方形、正方形、圆形、椭圆形，一般都配有盖，盖面大多是平雕、浮雕，图案题材多为花草树木、山水风景、鸟兽人物，或是名家书画、篆刻等。

⊙北泉石砚

北泉石砚在20世纪40年代就已拥有了广泛的知名度。从北泉石砚的发展来看,最为重要的是参加了1965年在北京举办的全国工艺美术展览会,在此次展会上,北泉石砚受到外商的青睐和赞誉,从此开始远销日本以及东南亚等国。20世纪90年代,北泉石砚成为馈赠外宾的礼品,声名远扬。

产自嘉陵江小三峡中的一块块普通的石头,就这样在一位位治砚师傅的手中点石成金,化茧成蝶,从平凡无奇的普通事物变成了艺术珍品。

北碚石雕

北碚与石头的缘分似乎是上天注定的，北碚的名称来源于嘉陵江边的一块大石，而北碚也有着丰富的石头，有着众多的爱石者，更有让人见之难忘的石雕。

北温泉的温泉寺旁边，有一个幽谧的石刻园。石刻园中，留存着许多古代的碑刻、雕像。西北侧的山崖间，依石壁地势分布着十六尊摩崖罗汉，这些罗汉衣饰雕刻线条流畅，气韵生动，面容个性鲜明，不类一般寺院罗汉堂中罗汉那般威严，三组分布更似三组生活画面，具有典型的宋代造像特征。历经岁月风雨，一些罗汉的身上已披满青苔，更令人感到一种静寂之美。

⊙石刻园罗汉造像(一) 马冀渝/摄

⊙石刻园罗汉造像(二) 马冀渝/摄

石刻园中还有一个雕刻于明代成化二十年(1484)的浮雕盘龙香炉，是信徒供奉给温泉寺的。此炉高2米，大两围，雕有云龙、花卉、人物、鹊鸟，共分五层，精工细作，图案别致，香炉下层刻有祈福文，字迹清晰可辨。此外，北温泉还有散落在多处的石雕，如飞龙图、怪鱼图(与飞龙图雕刻于同一石坎上)、石狮等。

在距离温泉寺不远的缙云山，同样有着十分丰富的石雕。山门前，有一个巨大的石牌坊，雄伟挺拔，上书明万历皇帝所赐“迦叶道场”四字。石牌坊正对着的是一个石照壁，其上刻有一幅芭蕉麒麟图，经专家鉴定，确定为晚唐时期作品。缙云寺内大雄宝殿前，左右各有一块石碑，四角为四根盘龙石柱，上有青石雕花宝盖。碑立于明天顺六年(1462)，左书“敕赐崇教寺碑记”，右写“重修崇教寺碑记”，碑阴面书有“临济正宗图记”。

此外，缙云山中有大量石碑，有些至今尚存，有些如今只能在历代方志中查到，如《石华寺碑记》《重修缙云山崇教寺碑记》等。

一代人有一代人的石雕，除了古代石雕，北碚也有许多现代石雕艺术作品。如北温泉公园的“五龙壁”，就是其中的代表之作。这一组石雕出自工艺美术大师甘锡青之手，取材于北温泉的传说，巧妙地利用了景区的堡坎及自然温泉，继承和发扬了传统的雕刻手法。五条口吐泉水的龙活灵活现，颇具王者之风，深受人们喜爱。来北温泉游玩的游客，都情不自禁地要在这里与五条龙合个影，以作纪念。

囿于篇幅，只能择其一二进行介绍，到北碚，一定要来看看这些石雕。它们不是冰冷的石头；它们见证过历史的变迁，听过山鸟的啾鸣；它们收藏着很多关于北碚的故事，带着人间的温度。

印钮雕刻

东汉许慎在《说文解字》中说，“印，执政所持信也”，“钮，印鼻也”。古人处理政务时要用到印玺，为了便于携带，就在印玺的上方穿个孔，系上印绶，佩于腰中，印玺上方带孔的雕饰，就是印钮。印钮虽小，却令不少艺人费尽心思。他们以高超的技法和深厚的艺术修养，使方寸之间气象万千。

明末清初，在“湖广填四川”的大迁徙中，北碚印钮雕制工艺代表性传承人田国良的外公龙炳云来到北碚。龙炳云的爷爷龙承贵是浙江青田一带的民间印钮雕制艺人。受长辈影响，龙炳云从小跟着父亲和爷爷学习，学得了一手印钮雕制技艺。

北碚不出产雕制印章的石材，但在这里务农的龙炳云对印钮雕制却一直念念不忘，时常在竹制品上雕雕小玩意儿。当时还是孩子的田国良跟外公生活在一起，耳濡目染，对印钮雕制产生了浓厚的兴趣。外公看田国良天资聪慧，便时时对他予以指点，就这样，田国良入了印钮雕刻的门，逐渐熟练地掌握了圆雕、浮雕、透雕、线刻等各项工艺。一块不起眼的石头，到了他的手中，经过一番雕镂琢磨，就蝶变为活灵活现的螭虎、玉兔，或者是栩栩如生的瓜果、花叶，仿佛有了生命，令人称奇。

⊙田国良雕制的部分印钮作品 王飞/摄

田国良雕印钮，并不局限于祖辈擅长的青田石，改革开放后，石材市场丰富起来，哪里有寿山石卖，他就到哪里去“蹲点”。经过40多年的实践，他的雕刻技艺日趋圆熟，在他的印钮中，可以看到他对多种雕刻技术的熟练运用，更可以看到他所具备的中国画、书法功底。正如田国良自己说：“这小小的印钮，既需要掌握精微细致的雕刻技术，还要有良好的艺术功底和丰富的文化底蕴。这是一门技艺，更是传统文化的传承。”他雕刻的印钮，也成为具有北碚特色的艺术品，入选了重庆市第四批市级非物质文化遗产名录。

北碚印钮雕制可粗略分为立体钮和博古钮两大类。立体钮中有动物钮，有植物钮，有混合钮。动物钮中有古兽钮，如螭、龙、凤、麒麟、赑屃等，有普通动物钮，如飞禽、走兽、昆虫、鱼介等；植物钮如瓜、果、花卉等；混合钮如人、动物、植物的组合，传说故事等。

印钮雕刻，首先要“相石”，即观察石头的品质、可塑性、适宜雕刻的图案形状等。在相石之后，便要打大样，即雕刻师根据自己的构思雕出粗略的轮廓。在细雕时，可能会发现石头的瑕疵或缺陷，碰到这种情况，经验丰富、技艺高超的雕刻师能化腐朽为神奇，巧妙利用石头的瑕疵或缺陷进行艺术化处理，往往会取得意想不到的艺术效果。细雕完成后，进行磨砂或抛光处理，一枚精美的印钮就制成了。

北碚印钮汇聚了阴刻、薄意雕、浅浮雕、深浮雕、透雕、圆雕等多种雕刻技法，构图讲究，层次感强，刀工精细，线条流畅，光洁温润，精致、简练、含蓄、脱俗。一方小小的北碚印钮，蕴含着丰富的传统文化元素，是北碚人的骄傲。

徽章雕刻

北碚地方虽小，手工艺品却不少。如今，不少人还记得20世纪七八十年代北碚的手工徽章雕刻和雕刻师李有贵。

李有贵是北碚有名的雕刻师，从事雕刻行业数十年。谈及自己与雕刻艺术的不解之缘，他说，20世纪70年代，全国从事雕刻工艺的人数不多，他便是其中之一。那时，他在重庆石雕工艺厂工作，已从事雕刻工作十多年。他喜欢钻研各种雕刻技巧，注重技术创新，擅长的雕刻题材也较为广泛，最擅长的是人物浮雕，是当年厂里制作外贸产品的主力雕刻师之一，创作有广元石雕、云龙石砚、仕女座屏等雕刻水准较高的作品。

随着市场的变化，李有贵所在的工厂转为生产徽章产品，并更名为“西南徽章厂”。他担任厂里的技术组长一职，负责设计、制模以及全部工序的质量管理。徽章雕刻属于金属雕刻，对长期从事石雕的李有贵而言，雕刻材质的变化给他带来了前所未有的挑战。为此，他带着一名徒弟到重庆市南岸区的一家工厂学习徽章雕刻技术，学习结束后，他回到厂里又将所学内容教授给厂里其他员工。就这样，他开拓了自己的雕刻新领域。

金属雕刻是材质、工艺和艺术的融合，徽章雕刻是金属雕刻的一种，其制作工艺复杂烦琐，要经过图纸设计、选材、制作模具等11道工序。设计图纸时，要充分考虑金属这一材质的特殊性，既要展现其特有的光泽效果，又要考虑工艺的实施能否完全体现图纸的意图。那个年代不像现在，可以利用计算机技术画图，只能手工画图或者将客户拿来的图一笔一画地缩小。有时还须与客户进行细节上的商议，直至客户满意为止。

刻模是整个制作过程中最为关键的一道工序，亦是雕刻师大显身手的环节。李有贵最擅长大型奖章及人物肖像的雕刻。他制作的人物头像模具更是逼真传神，如他制作的党和国家领导人周恩来、贺龙的雕像，受到人们的高度好评，他雕刻的佛像也广受客户称赞。凭着高超的雕刻技术，1980年，在轻工部主办的全国徽章行业技术质量评比会上，西南徽章厂的产品荣获全国行业总评第三名的佳绩，而李有贵创作的浮雕周恩来头像，荣获全国手工刻模人物肖像第一名，这既是他多年付出得到的回报，也是重庆人的光荣。

20世纪80年代中期，西南徽章厂更名为“重庆徽章厂”。李有贵仍然担任技术科长，继续主管设计、模具制作和全厂的技术质量管理。为了规范企业管理，在他的建议下，该厂建立了全面规范的质量管理体系，制定了一套完备的质量管理标准。多年来，李有贵不仅注重提高自身的雕刻技术，也精心栽培其他技术人员，为企业的发展建立了坚实的技术保障。20世纪90年代，他调往重庆雕刻工艺厂，在新的岗位上继续发挥匠人精神，雕刻出一件又一件精美的工艺品。

如今，计算机技术广泛应用到雕刻艺术中，使雕刻作品得以快速批量化生产，但雕刻师们手工雕刻的作品却是任何技术都难以复制的。从手绘设计图到一件精美雕刻作品的诞生，这个过程凝聚着传统的工匠精神，也承载着雕刻师们对雕刻艺术的热爱与坚守。

木雕

北碚多木。街头巷尾都生长着多年的老树，绿荫如盖。无论是有着“缙岭云霞”美景的缙云山，还是有着美丽校园的西南大学，都林木葳蕤，枝叶扶疏。仰头望去，树顶如老根，天空似是土地的映射，树木的枝丫与叶子层叠交错，像是一幅天然的木雕图。而北碚人用一双巧手雕制的木雕艺术品，既保留了这份天然趣味，又增添了艺术的雅致。

北碚木雕技艺，是明末清初“湖广填四川”时期由陈氏家族带到北碚静观，使得这一技艺最终得以在北碚的土地上生根开花的。发展至其第六代传承人陈益勇，北碚木雕以刀代笔，以刀法展现笔墨意境的独特艺术魅力，赢得了更多人的喜爱和更广泛的关注。陈益勇创作的

《竹枝蝉歇》《比翼双飞》等作品，顺应树根原有的形态，构思精妙，意趣盎然。

⊙陈益勇木雕作品《竹枝蝉歇》

⊙陈益勇木雕作品《比翼双飞》

北碚木雕讲究“以木治木”，七分木材，三分雕琢。因此，从选材开始，每一步都极为严格。大型木雕多选用百年以上的椴木、香樟木、银杏木等，小型木雕则选用纹理细密的楠木、桃木、黄杨木、枣木等木材。每一块未经雕琢的木头中，都隐藏着一个超凡绝俗的艺术世界，而雕刻，便是创作者与木头的灵魂对话。在雕刻师的刻刀下，木屑或如水花溅起，或如片片雪花，顺着木头流畅的线条落下。雕刻师以刀代笔，游走于木头上，雄健飘逸处，若鸾翔凤翥；淡逸清雅处，似泼墨晕染；精细幽微处，如工笔细描。北碚木雕深浅有度，纹理细致，构图布局灵活多变，散而不松，多而不乱，虽经人工雕琢，却仿佛浑然天成。雕制完成后，手艺人还需均匀地为作品揩油上漆。刷好桐油和清漆的木雕，细腻典雅，莹润温泽，似从沉睡中苏醒，自有一种气韵流动的从容自然。

⊙陈益勇作品《菩提树下笑弥勒》 王飞/摄

一刀一木，一笔一画，一蝉一竹，艺术与匠心之美凝聚在方寸木雕间，树木的灵气因此重聚。北碚木雕如一朵盛开在喧嚣夏季的荷花，宁静悠远，绚烂多姿，亦沉静朴拙，让人能真正体会到那种身心为之一振的静美。

根雕

根雕是以树根作为原材料进行艺术加工，将其雕刻为形态各异的人物、动物、植物等艺术形象的民间艺术。

根雕的制作，选材和雕刻是其中的关键环节。人们通常会选用柏木、楠木、紫檀、黄杨以及竹根进行雕刻，而优美的天然形态是鉴赏根材是否合适的重要标准。根雕工艺品始终贯彻“三分人工，七分天成”的制作原则，雕刻者依照树根的自然长势，构思出与之匹配的主题，巧用心机，合理而慎重地取舍，除对局部做少量的修饰和必要的雕琢外，重点多放在利用根的原本形态上。经过一番因材施艺，根雕作品在保留原有的自然灵气之外，多了巧夺天工的神韵，有了“清水出芙蓉，天然去雕饰”之美。

雕刻者不仅需要熟练掌握多种刀工技法，具备高超的雕刻技艺，也需要丰富的艺术想象力。作为优秀的手艺人，他们还会师从美术或书法大师，以求提高自己的审美能力，雕刻出形象生动的作品。

北碚有一个赫赫有名的小镇——天府镇，20世纪30年代，这里建成了四川第一条铁路——北川铁路，卢作孚在此开办的天府煤矿是抗战时期大后方重要的能源基地，有力地支持了抗战事业。如今，北碚根雕人彭勇在这里建起了根雕博物馆，使北碚根雕艺术在此发扬光大。

重庆市根雕艺术非遗传承人、享有重庆市“巴渝工匠”荣誉称号的彭勇，从十一岁便与根雕结缘，到十四岁正式拜师学习，至今已在根雕艺术路上走了近50年，完成了上万件艺术作品。对彭勇来说，创作一件根雕作品就像孕育一个“孩子”，需要根据树根天然的形状，通过自身积累的传统文化，精心构思，运用巧而精、妙而细的手法，将灵魂注入作品之中。他也将一个个原本看似不起眼的树根，变成了一件件精美绝伦的艺术品。

彭勇敢于突破自我，在20多年的时间里，他到全国各地走访、学习、交流，成功地让失传已久的“蚂蚁上树法”“断头延伸法”“回归自然法”“移花接木法”等雕刻手法重新回到根雕的艺术世界之中。正是对根雕艺术孜孜以求的不断探索，让他收获了成功。2001年，彭勇获评重庆市首届民间艺术大师；2005年，他被评为重庆市首届工艺美术大师。他的作品获得国际金奖以及全国、省、市级各种奖项130多个，参加国际、国内各种展会400余次。

⊙彭勇在做根雕维护

在根雕艺术上取得成功的同时，彭勇还在北碚天府镇创办了“木石缘堂”根雕博物馆，旨在为前来参观的人们普及根雕文化。在这座古朴典雅的小楼里，陈列着他多年创作的心血，每一处似乎都流淌着时光的痕迹，从做旧的陈设，到散发着柔和光泽的各式根雕成品，让每一个置身此处的观赏者不自觉地静下心来。经由他精湛的雕刻，一个个树根变成了出淤泥而不染的荷花、傲骨盛放的梅花、振翅高飞的雄鹰……他历时近6年时间精心雕琢的《百鸟朝凤》，成为镇馆之宝。

⊙北碚根雕

他还准备到东南亚去举办个人作品展览，用“墙外开花墙内香”的方法来点燃人们对根雕艺术的热情。为了进一步弘扬根雕艺术，根据他的规划，接下来他还会在自己的家乡建立根雕艺术产业园，并在高校招揽人才。各地根雕爱好者可以来这里展览、交流、学习，最终将根雕艺术打造成一个产业化的行业。

根雕意味着彭勇的一切，从少年到中年再到老年，这项技艺将陪伴他终生。今天，年过花甲、双鬓斑白的他依然执着于根雕艺术，坚持使用手工工具进行艺术创作，保持着对根雕艺术的赤诚和热爱。在这条寂寞的艺术道路上，他努力寻根，以根为伴，与那些坚韧的树木彼此辉映，互相成就。

根书

19世纪末，北碚的三圣地区盛行种植黄葛树，祖辈们在居所之处多有种植。因黄葛树有根裸于外面，人们便用石头阻挡其生长方向。黄葛树的树根就顺着石头蔓延，形成了苍劲虬然之势，着实好看。受此启发，勤劳而智慧的三圣人民，将"张牙舞爪"的树根修剪成各种形状。于是，就有了三圣根书的最早雏形。

在根书创作前，树根须接受一番繁杂工艺的"洗礼"。先对树根进行有效的清修，去除污泥杂质，清除腐根，将清洁后的树根放于干燥的室内阴干，进行防虫处理。创作时要以历代书家的帖字和古文字为基础，遵循树根本来的形状，依形造势；制成后要去皮打磨，去皮时尽量避免破坏树根的纹理，要保持树根天然的纹理美，然后，采用粗砂与细砂进行细致打磨；之后，再处理树根的起笔、收笔、转折处的形状，与书法的起、行、收形成和谐统一，呈现根书独特的飘逸之美；待树根干后，还要进行打蜡抛光；最后，将制作完成的根书装裱起来，一件古朴、典雅的根书作品就大功告成了。

⊙三圣根书作品《茶》

历经百年发展，三圣根书以其别具一格的艺术特征，成为北碚人民为之骄傲的文化瑰宝。它以博大精深的中华优秀传统文化，例如十二生肖、二十四节气等为创作内容。此外，成语典故、古诗词等，皆是根书的创作内容。创作者将树根制作成常见而又富含寓意的汉字或成语，既美观又实用；又将自己丰富的书法知识与书法功底融入根书创作，为根书作品锦上添花。他们以帖学为基础，以甲骨文、篆书、行草书等为表现形式，既表现出书法的古典韵味，又体现了树根原有的形状美。端庄秀美的篆书、行云流水的行书、古拙的甲骨文与隶书……每一件根书作品都

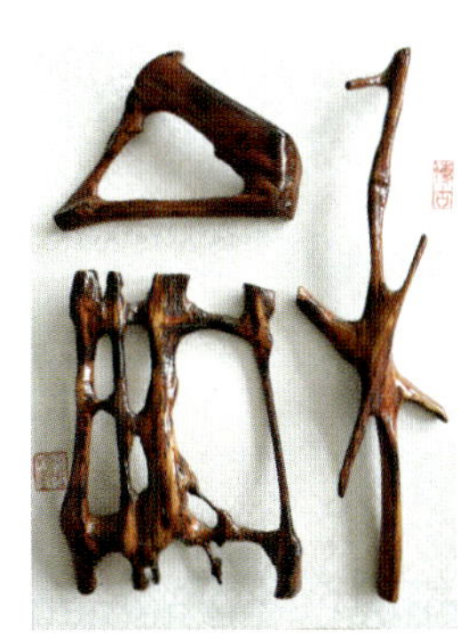

⊙三圣根书作品《和》

凝聚着创作者的心血。以根为书，根书堪称立体书法，是对中国传统书法的创新运用。

在三圣根书的发展历程中，每代传承人都付出了很多心血，也赋予了三圣根书更多的光亮。第二代传承人潘光集在上一辈的基础上，将书法元素融入根字，使得根书变得更加美观，更具有艺术的韵味。第三代传承人潘先华因在家务农，寻求营生，曾拜了同村的一个木匠为师，学习木工技艺。木工技艺与根艺虽不相同，但有相通之处。在做木工的这段时间里，潘先华的木材打磨黏接等技术得到了提高，后来，他将木工技艺运用于根书创作之中，使得根书在工艺方面得到了明显的提高。第四代传承人潘波将书法与根艺做了更深层次的结合，并在根书理论上进行了探索，使得根书的书法底蕴更加深厚。他还对根书的内容进行了延伸，从家训扩展到名言警句、古诗词、成语典故等，使根书更具有教育意义。2010年左右，他将根书创作推广到学校，成为当地学校“一校一品”特色项目，深受学生的喜爱。

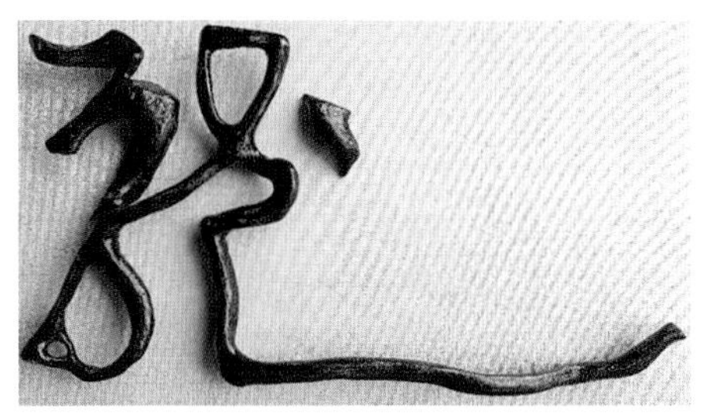

⊙三圣根书作品《龙》

三圣根书，承载着中华民族的传统美德和高尚情操，体现了民众对美好生活的追求与向往，也是重温传统文化经典，感悟现实生活的艺术形式。

剪纸

剪纸，是中国最古老的民间艺术之一，也是最常见的民间艺术之一。它深深地植根于乡土，以一把剪子（或刻刀）一张纸，就能传达出丰富的民俗文化、浓郁的生活气息、人间的喜怒哀乐；它用质朴的美装点着生活的细节，给人们的生活增添了许多趣味。郭沫若因此赞扬道："一剪之巧夺神功，美在民间永不朽。"

有文章说，重庆剪纸已有1000多年的历史。重庆剪纸则以北碚剪纸、堰兴剪纸等为代表。其实，因为缺少可考的文献，很难推测北碚剪纸始于何时，在很长的时间里，它只是默默地陪伴着北碚人，悄悄地为他们的生活增添色彩。改革开放后，随着物质的不断丰富，人们对精神生活的追求也不断提高，传统文化成为心灵回归的故园。

北碚剪纸则以其浓郁的巴渝文化特色，独特的艺术风格，赢得了人们的喜爱。

北碚剪纸是以刀刻为主的剪纸，其图案精巧秀丽，风格写实，富于表现力；题材广泛，除了传统的花鸟、人物等，更推陈出新，风光旖旎的山城，为北碚剪纸提供了丰富多元的创作素材。北碚剪纸以重庆的名胜古迹、特色建筑、自然风光、人物为主题，以组图的形式，剪刻系列作品，既有传统风韵，又有现代气息。

最具代表性的“北碚系列”，集中展现了北碚的山川风貌、风土人情、历史积淀、文化渊源、时代情缘，将巴渝气度在这门镂空艺术中表现得淋漓尽致。虽是静态成图，却有着动态的感染力，引人遐想，饶有趣味。缙云山、北温泉、金刚碑古镇、金刀峡……北碚剪纸以其特有的方式诠释着这个城市，让人体会到它丰富的内涵，呈现出这座城市的平实与细腻。

其他如“手持一根棒棒，肩上两根绳子”的山城“棒棒军”形象，在剪纸艺人的巧手下，个性鲜明而生动；长江三峡在小小的纸片上呈现出“霏霏暮雨合，霭霭朝云生”的万千气象；“白日千人拱手，入夜万盏明灯”的磁器口被剪刻得惟妙惟肖。还有黄河、合川钓鱼城、红岩村、渣滓洞、老舍旧居、梁实秋的雅舍……都是剪纸艺人心中的艺术样本。每一个人物，每一座建筑，每一处山川河流，都深深地印刻在北碚剪纸艺人心中，然后从他们的刻刀、剪刀下展现出来，带着他们炽热的爱。

⊙黄继琳剪纸作品《黄河谣》

中国传统剪纸以对称为主要构图法则，但北碚剪纸不拘泥于此，在构图上大胆突破，创造出许多构图新奇的新样式。不仅如此，北碚的剪纸手工艺人在剪纸的形式和艺术技法上也有所创新。他们借鉴中西方山水画、水粉画、装饰画以及油画的技法，运用生宣的染色特性，对纸张进行晕染，或让缤纷的色彩在纸上自然流淌，调配出各种纹理和颜色，还将剪纸与中国结结合起来，不仅符合现代人的审美观，而且使北碚剪纸具有了更迷人的风采。

⊙黄继琳套色剪纸组图《民族舞蹈》

北碚剪纸的成就，离不开默默传承的剪纸手工艺人。梁素、黄继琳、梁世惠……一代一代的传承人用刻刀、剪刀和他们自己的方式叙述着山城的故事。让我们在一张张镂空的纸上，读到这里的民间故事，看到这里的物华天宝，了解到这里的风俗民情。妙手生花，自见寰宇万千。

⊙梁素剪纸作品《和平吉祥》

⊙梁素剪纸作品《文化站》

叶脉画

从新绿到枯黄，从枝头到泥土，一片叶子便悄无声息地走完了一生。在寂寂的光阴流转中，生命是否还有另一种可能？

1000多年前，一片片写画着佛教经文、佛像的贝多树叶（贝叶）来到了中国，在千百年岁月的变迁中，这些贝叶没有因时间的流逝而凋零于泥土，而是因承载人类文明而生命长青。受以树叶为纸的启示，民间产生了一种在叶脉上作画的技艺。叶脉画巧妙利用树叶本身的各种形状与自然肌理，将画作之美与树叶的天然之美融于一体。

从一片普通的树叶到一幅精巧的叶脉画，蜕变绝非易事。每年立秋后的十天时间内，工艺师们要精选没有虫眼、没有伤疤、没有老筋、没有麻点且未变黄的向阳一面的黄葛树叶或是菩提、紫荆等网状叶脉的树叶，作为叶脉画的制作原料。用特殊工艺去掉绿色叶肉，只保留筋脉和薄瓤，进行腐蚀干燥处理，制成叶脉笺，再通过传统绘画、描金、勾线等技法，历三十余道工序才能完成一幅叶脉画的制作。

叶脉笺纤巧轻薄，宛若蝉翼，其经脉断续之间，韵味天成。在其上作画，无论是山川、民居，还是飞禽、走兽，无论是水墨写意，还是炭笔风光，皆精巧传神。更难得之处在于叶面经过独特工艺处理，古朴雅致，久不变色，有极高的艺术及收藏价值。一片本应以泥土为归宿的树叶，因被制作成叶脉画而获得了另一种生命，其中的寓意，耐人寻味。

北碚的工艺师们慧心巧思，将巴渝风情、北碚的秀丽山川，绘于叶上，让北碚的叶脉画不仅极具地域特色，而且成为巴渝山水人情的优美诠释。

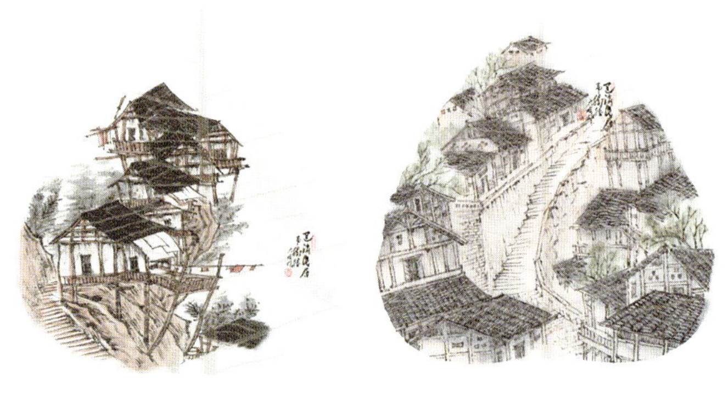

⊙北碚叶脉画作品《巴渝民居》

北碚叶脉画的传承人谢素芳等制作的叶脉画题材多样，不仅有重庆地方特色鲜明的吊脚楼，还有飞禽走兽、山水田园、民居小景、古代仕女图等等。他们的画作与树叶的自然美和谐地融为一体，营造出别具韵味、灵秀自然的艺术之境，给人以美的享受。北碚叶脉画的代表作如《北碚十二景》、《北碚偏岩古镇十二景》、《巴渝民居——吊脚楼系列》、《巴渝十二景》、《春夏秋冬》、《牡丹》、《菊花》、《兰草》以及古代仕女图等，无不散发着一种温馨的生活气息，是一种艺术，也是一段巴渝民俗文化的记忆。巴渝民俗文化赋予了北碚叶脉画艺术以持久的活力，也因叶脉画而绽放出更加迷人的光彩。

⊙谢素芳叶脉画作品

一片树叶的可能当然不只有归于泥土一种。当叶片褪去鲜活，它的生命还能以另一种方式延续。以画的形式流传，树叶的可能，亦似人生的可能；而绘于叶脉之上的文化生命，始终枝叶繁茂，青葱欲滴。

粮食画

“五谷”是粮食的代称。《孟子·滕文公上》曰：“树艺五谷，五谷熟而民人育。”农耕文明时代，谷物的生长极大地依赖于天时地利，因此无论在民间还是宫廷，都经常举行盛大的祭祀活动，“春始东耕于藉田，引诗先农，则神农也”，“坛于田，以祀先农”。由于深受天人相应思想的影响，因此人们借助五谷祈求与上天进行对话，表达希望风调雨顺、五谷丰收的愿望。到了唐代，社会安定，农业发达，正如杜甫所描写，“忆昔开元全盛日，小邑犹藏万家室。稻米流脂粟米白，公私仓廪俱丰实”，生活殷实让五谷的功用也得以拓展，除了食用，市坊之间还悄然兴起了以五谷粮食为材料的画作。一粒粒普通的粮食，被劳动人民变成了一幅幅图画，描绘着生活的美好。

⊙北碚粮食画

北碚是五谷粮食画的重要发源地和传承地。据传，乾隆年间钦差路过重庆府时，得知当地官员克扣官粮之事，乃让民间艺人用五谷杂粮做成万言书，他将此万言书转呈皇帝后，乾隆下令惩办贪官、开仓济民，并将此万言书妥善保存。此后，五谷粮食画开始在我国西南地区得到发展，并衍生了多个流派。

北碚五谷粮食画的第五代传承人唐大焱痴心于中国传统文化，将制作优秀的粮食画作品视作人生追求。他说："我是五谷生，我为五谷养，我将五谷创辉煌。"他创作的五谷粮食画以色彩艳丽、鲜活灵动、极具观赏性与画面感等艺术特质，多次获得了全国性大奖。他的创作技艺也被收录到重庆市非物质文化遗产保护名录中，并获得了粮食画艺术相关专利。在他的努力下，五谷粮食画迈上了艺术的新台阶。

⊙唐大焱粮食画作品《毕加索系列》

⊙唐大焱粮食画作品《乡村》

在多年创作实践中，唐大焱将传统工艺和现代技术相结合，研发了一套环保、无毒、经济并能让粮食画作品长期保存的创作方法，实现了作品不变形、不褪色、不冷缩、不热胀的效果。

完全采用粮食的原始色彩，称为原色五谷粮食画。这类作品最大的特点便是“纯”，它有着现代染料作品所不具备的古朴气质，层次分明，可塑性强。使用原色五谷和染色五谷混合创作的作品，称为合成色五谷粮食画。其色彩灵动鲜艳，两种原材料的配合，让作品更富有时代魅力，亮丽中不乏厚重，灵动间亦含质朴。全部使用染色五谷进行创作，称为彩色五谷粮食画，其最大的特点是与现代审美观相契合，色彩丰富。

⊙唐大焱粮食画作品《五谷丰登国泰民安》

五谷粮食画作为中国五谷文化的重要组成部分，以图像的方式呈现了五谷的别样神韵与意涵，具有独特的审美价值。一颗颗朴实的粮食串联起老百姓美好的愿望，寄托着人们希望五谷丰登、国泰民安的祝愿。

线描画

线描画是以线条为主要绘画语言的绘画形式。色彩的缺席并未减退线描画的神韵，利用线条的平行、交叉、曲直、轻重，在它们尽情地“纵横交错”后，一幅形象而生动的线描画便跃然纸上。

创作线描画的工具十分简单，若是兴之所至，只需拿起一支笔、一张纸即可创作。笔和纸的选材并无严格讲究，就笔而言，圆珠笔、钢笔、中性笔等硬笔皆可，在用纸上，也无需特定的书画用纸，生活中的速写纸、素描纸或是打印纸都可承载那一笔一画皆显艺术韵味的线描画作品。孩子们无须购买专业的绘画用具，就能将自己作画的兴致发挥出来。

线描画的另一特点是落笔画线后不容更改，讲究“意在笔先，以意气使笔，不为笔役”，十分考验创作者的绘画功底。在下笔作画前，需要仔细观察对象，揣摩细节，从整体上把握作画对象的特点，心中有数后，方可落笔作画。绘画过程中无须涂改，每一幅画的创作皆可谓是行云流水，一气呵成。因线描画的生动气韵全显现在这黑与白的搭配上，显现在线条与空白的留韵中，所以线条的力度与密度搭配也是一幅画成功的关键。线描画讲究“力透纸背”，这一创作法则既吸收了中国传统绘画中的“六法”，即气韵生动、古法用笔、应物象形、随类赋彩、经营位置、传移模写（或作“传模移写”），也借鉴了西方绘画理论，经过多年的融合吸收，如今的线描画创作，在讲究飘逸外，亦兼有几分凝重。

在众多的线描画中，北碚复兴镇的农村线描画像一颗璀璨的明珠，以其独特的艺术气质，赢得了人们的赞誉。

复兴镇的农村线描画已有100多年的历史，作品立足于北碚乡村景物与农家生活，具有浓郁的乡土气息。创作者以自己的内心感受为主，用线讲究线的排列呼应、顾盼、气韵、长短曲直以及线的律动、线的飘逸、线的凝重。作品朴实、简洁，构图明快，富有童趣，深得人们尤其是儿童喜爱。复兴农村线描画也因上述特点被纳入重庆市非物质文化遗产项目名录。复兴农村线描画的第四代传承人欧兴德延续了陈尔爵、廖大淦将文人画的艺术特质糅进线描画的创作手法，创作出《古镇遗韵》《金刀峡古镇》

《龙王古镇》《缙云秋实》《农家晒坝》等佳作，使得复兴线描画的发展取得了可喜的成绩。

⊙欧兴德线描画作品《金刀峡古镇》

⊙欧兴德线描画作品《农家晒坝》

欧兴德一直致力于线描画的传承与发展，他将线描画融入自己的课堂教学和课外辅导，带领学生到户外采风，参加美术大赛。在教学中，欧兴德老师发现学生的作品容易出现杂乱现象，经过细心观察，他发现儿童难以把握重叠的画面和交叉的线条，因此导致了画作中的杂乱现象。因为小学阶段的儿童尚处于大脑发育时期，难以用绘画的形式展现作画对象。为了解决这一棘手的问题，欧兴德经过深思熟虑后，决定让学生使用不交叉的平行线形式进行绘画，此举也十分符合儿童们的心理特质，扩大了线描画的接受人群，使得线描画为更多人所喜爱，天真烂漫的孩子们在欧兴德的引导下成为复兴农村线描画的传承主体。

复兴农村线描画多取材于乡土，展现原汁原味的大自然与乡土生活。在孩子们的画笔下，有充满乡野气息的农耕工具，如锄头、蓑衣、斗笠，也有正直憨厚、朴实无华的庄稼人，还有曲径通幽的乡间石板小路。每一幅线描画都让人仿佛有一种身临其境、置身田野的轻快明朗。复兴农村线描画的简单、大方，也承载着人们质朴、纯粹的审美情趣。

⊙北碚复兴镇中心小学校学生创作的线描画《推豆花》

经过欧兴德老师多年的实践和努力，复兴农村线描画早已成为北碚区的特色文化名片，它的影响力早已走出了复兴，影响了三圣、静观等地的美术课堂。不仅如此，欧兴德于2010年代表北碚区参加上海世博会重庆宣传周，现场展示线描画，吸引了众多欣赏者驻足。他的学生凭借儿童线描画积极参加大小赛事，屡获佳绩，先后获金、银、铜奖几十人次，区级奖多达几百人次，建于复兴的

“北碚区农村儿童线描画创作基地”也因此荣获“全国百佳书画教学先进集体”荣誉称号，教学改革荣获教育部教学成果一等奖。

在孩子们跃动的画笔下，将有更多画作不断出现，抒发他们对家乡真挚的情感。享誉百年的复兴线描画一定能薪火相传，带给人们宝贵的精神滋养。

烙画

烙画，古称“火针刺绣”，是用灼热的绘画工具烫熨成烙痕的美术作品。“烙”，带着青烟与焦味的激烈碰撞，让人望而却步。冰冷的钢铁被淬成无情的火针、烙铁，却能和一双巧手组成拍档，创造出具有温情的作品。

烙画的立体感较强，色彩层次丰富，其题材、材料、表现技法、工具的选择各有特点。在题材上，烙画的表现内容包括山水、花鸟、人物、建筑、文字图案等。在材料上，木、竹、中密板、纸板、宣纸、丝绢、羊毛毡、牛皮等都可作为烙画的材料。在表现技法上，烙画可采用传统的中国画的表现手法，也可采用西洋画素描的表现手法，或者两者结合使用。烙画所用的工具与传统绘画工具有着较大的区别，传统绘画须使用各式各样的画笔、颜料，而烙画的工具为电烙铁(笔)、铜尺、钢尺、手工刀、画架、铅笔等。烙画艺术的创作注重“意在笔先,落笔成形”,创作者在把握火候力度的同时,综合采用勾、皴、擦、点、立锋、侧锋、逆锋等技法。随着笔触抑扬顿挫,作品呈现出焦、干、润、浓、淡五种层次,黑、棕、茶、黄、白五种色调,组成自然和谐、精美绝伦的画面。

⊙北碚烙画《逆行者》

北碚烙画属于重庆烙画。2014年,烙画被正式列入重庆市第四批非物质文化遗产代表性项目名录。政策的支持和手艺人的努力,使重庆烙画逐渐发扬光大。第一代烙画艺人王家福曾凭借精湛高超的烙画技艺在重庆黄沙溪开店谋生，他制作的烙画艺术品古朴典雅、清新秀丽，吸引了很多民众的目光，生意颇有起色，自此，烙画艺术也走进了重庆人民的日常生活。历经王国平、李国才、吴承凯的传承与发展。至20世纪80年代，一些从事美术的专业人才加入，烙画正式成为一种独立的画种。在一代代传承人的努力下，烙画的表现内容日趋广泛，表现手法亦趋向多样化，烙画开始以独幅画的面貌问世。第五代传承人张明志在创作中开始把山水、老房子、吊脚楼等作为独幅画的创作对象，极大地拓宽了烙画的表现题材。

⊙北碚烙画《留守儿童》

如今重庆的烙画艺术已经传承六代，第六代传承人是北碚的刘光红，她师承张明志，是北碚具有盛名的烙画家。她的作品内容以山水民居、毛主席诗词书法为主。

2015年，刘光红建立了烙画培训基地，希望以此加强对青年一代传承人的培养，使烙画工艺得到更好的传承。

刘光红烙画作品《山城新貌》

北碚烙画以川渝烙画为基础，将重庆的人文特色、自然景观融入其中。如画作《缙云小景》中，层峦叠翠，塔寺入云，尽显山河绮丽。除此之外，北碚烙画多以现实为基础，主要表现北碚人民的生活。如画作《农舍》中，亲人相依，童子酣睡，给人以宁静祥和之感。其内容亦有展现人文历史的，或是斑驳老街，或是烟火小巷，或是崎岖古道……一笔一画勾勒出北碚城市发展的历史痕迹，刻下了北碚记忆，古朴悠然。北碚烙画大师更喜欢采用木板、葫芦等传统的材料作画。画痕的焦棕色配上木质的淡黄色，虽不惹人注目，但自有一种韵味，正如北碚老城，沉稳中自有一种温馨。

⊙北碚烙画《清晨》

以铁为笔，北碚烙画烫印着烙画艺人的心血与情感，烙绘着美好的山河岁月，那源自温度的美，让人深深着迷。

刺绣

北碚刺绣源自蜀绣，它以细针挑引各色彩线，在丝绸、布帛等织物上绣出精美的花纹图案，成为当地独具特色的传统手工艺术。

一方山水蕴养一方刺绣。北碚刺绣在历史的发展中去芜存菁，广泛吸收各派之长。它将精细雅洁的苏绣技法与经典大气的蜀绣工艺融于一体，还吸取了现代绘画艺术中素描的表现手法……如此吸取各家所长而成的刺绣作品，其光影变化不失严谨平整，其物象神形的转用不失自身的独特风貌，使北碚刺绣不只是蜀绣的延续，更在兼具众长的同时，形成了自己的风格。

在作品的材质上，北碚刺绣有些作品采用常见的丝绸、布帛或锦缎绣制。柔韧的丝线在丝绸、布帛或锦缎铺就的画布上游走，忽而组成芙蓉下游弋的鲤鱼，忽而聚为溪畔饮水的大熊猫……百变的针法造就出精美绝伦的艺术。还有些作品则以叶脉和宣纸为载体，这使得北碚刺绣不再拘于绸缎布帛，呈现出更多样化的风格。

⊙罗在宣宣纸刺绣作品（一）

北碚刺绣不仅具有观赏性，还具有较强的实用性。在婚嫁、寿诞等喜庆的民俗活动中，绣有"福""禄""寿"等字样的绣品，如刺绣被面、枕套、手帕等，成为人们传递祝福的载体。绣工们以精湛的技艺和细腻的表现力，用细密的针线记录下一个个历史故事和民间传说，"以绣记俗"的刺绣方式将文化与风俗完美融合在一起。

北碚刺绣第四代传承人罗在宣从小就对刺绣有着浓厚的兴趣，她秉持着"三人行，必有我师焉"的谦逊态度，刺绣技艺不断精进。她先后师从于单大琼、李尚余、钱菊凤等刺绣大师，学习花卉、动物等各类刺绣。在市场经济的洪流中，罗在宣主动适应新环境，迎接新机遇，融入市场经济，成立工作室。她招收学徒，注重言传身教，旨在将自己的技艺一代代传承下去，使北碚刺绣能够不断发展。因为有了传承人的继往开来，不断创新，更多的时代元素融入了北碚刺绣中。

⊙罗在宣宣纸刺绣作品(二)

如今，北碚刺绣已经成为重庆市第四批非物质文化遗产代表性项目，政府也积极推广这一传统技艺，让更多的人了解和体验北碚刺绣。积累和沉淀，坚持和决心，是北碚刺绣重要的主题词。

北碚刺绣的美渗透在一针一线之中，像诗一般隽永。

北泉板凳龙

北泉板凳龙是流传于重庆市北碚区澄江镇的地方传统舞蹈艺术。人们表演时，以长条板凳为主要道具，借助板凳的舞动，模拟龙的各种形态。

北泉村的老百姓们，上至儿孙满堂的老人，下至刚入学启蒙的幼童都能表演上一两段板凳龙舞，因此就有了“家家有板凳，户户可玩龙”之说。北泉板凳龙既是家人之间的娱乐游戏，也能为乡村赶场、新店开张助兴添喜，更能登上大雅之堂。北泉村也因此被文化部（今文化和旅游部）授予“中国民间文化艺术之乡”称号。

任意组合、一龙多变是表演北泉板凳龙舞的两大特点。表演板凳龙舞不受严格的人数限制，既可三人组队玩一条板凳，也可召集更多的人，组成一支三十来人的板凳龙舞表演队。队形可随表演形式变化，时而散作数条“小龙”，短小精悍、活泼可爱，时而首尾相接连成一条“龙王”，威武霸气。

⊙20世纪50年代北碚民众在院坝里表演板凳龙

如今，为方便表演，人们对板凳龙使用的板凳进行了改造，不仅一改过去板凳的笨重，板凳的四条腿也做成了圆柱形，以便于手握。制作板凳龙，要先将红绸扎成泡花状置于板凳的一端当作龙头。然后将一匹红绸扎于凳面之上，长于板凳部分的红绸便留作龙尾，以增加表演时龙的气势。待红绸扎好后，将金箔纸剪成波浪状作为龙鳞贴于红绸之上，板凳龙有了龙鳞的加持，立显“生机”。此外，龙旗是必不可少的，在龙腹下套上两根橡皮筋，再插上两面水旗，即大功告成。龙宝由篾条编制而成，用篾条编制22个直径约22厘米的圆圈，根据“上七下七中八”的规律扎成球状，再用红布条和金箔纸交替缠绕竹圈，并用长约23厘米的红穗坠于其上，圈内还须系上声音清脆的铜铃。

⊙21世纪北碚的板凳龙表演

作为板凳龙的传人，王文祥一直致力于板凳龙的传承与发展，经过不懈努力，他把单纯的民间娱乐逐渐打造成北碚的一张特色文化名片。他在板凳龙舞原有的表演基础上推陈出新，增加了“板凳花”“跳板凳”“踏龙背”“骑龙背”“上天梯”“龙缠身”“群龙抢宝”等几十个极具观赏性的表演性动作。逗宝人在板凳龙舞的表演中起着“领头龙”的重要作用。王文祥总结多年的表演经验，将逗宝人的表演动作分为滚宝、抛宝、亮宝、藏宝、舞宝、磨盘腿藏宝、鱼跃抢宝、穿龙腹、骑龙、引龙等灵活而又便于操作的舞蹈动作。他以手中的龙宝作为指挥道具，引导板凳龙做出各种高难度的表演动作，如“巨龙翻身”“龙摆尾”“龙缠身”“游龙”“龙跃门”“群龙闹海”等。精益求精的他，又在原有的伴奏音乐上，将川剧锣鼓曲牌“叮狗虫”等融入其中，最终形成了现在流行的4/4拍伴奏音乐。

⊙王文祥表演的板凳龙

在王文祥多年的努力和坚持下，北泉板凳龙的继承和推广工作成绩显著，越来越多的人投身传承工作。重庆市知名舞蹈编导董进波在板凳龙舞的传承上取得了突出的成绩。他从20世纪90年代开始研究板凳龙的舞蹈艺术内涵及潜质，之后带领板凳龙舞走出重庆，走向全国，甚至登上了国际舞台。2009年11月，北泉板凳龙表演艺术团的《龙腾巴渝》参加了在江苏省张家港市举办的长江流域民族民间艺术节，获优秀表演奖。由他指导编排的青春艺术版《板凳龙》和大型原创全景音舞诗画《两江风韵北碚情》等作品获得广泛好评，它们也成了板凳龙发展历史上的标志性作品。

近年来，北泉板凳龙佳作频出，人们在享受艺术盛宴的同时，也惊叹中华优秀传统文化的蓬勃活力。北泉板凳龙以自己的方式向世界讲述着北碚的故事，也将最美好的祝福送给世界。

北碚年箫

年箫又称连厢、连箫、花棍、金钱棍等，其历史悠久，在巴蜀大地广为流传。打年箫是百姓喜闻乐见的歌舞表演形式，逢年过节、喜庆日子，人们就会以打年箫来表达欢乐之情、庆祝之意。

年箫是用一根长80～100厘米的细竹竿做成的，在距竹竿两端5～10厘米处各开3～4个较短的透空孔（或一个长约10厘米的长孔），从侧面钻一小孔，穿入铁丝（铁钉）作轴，分别嵌入四五个小铜钱或小铜钹，摇动起来，铜钱撞击孔壁，就会发出哗哗的声响。为了追求美观，可在竹竿表面涂上红、黄、蓝等颜色，在两端系扎绸布、鲜艳红花等。因年箫的制作工艺较为简单，所以表演者常常根据自身喜好亲手制作，用起来更得心应手。

年簫表演可以分为“说唱型”“舞蹈型”“歌舞型”年簫等。“说唱型”年簫表演要求演员有良好的说唱功底，辅之以简单易学的唱打动作。说唱的内容较为广泛，多是人们耳熟能详的传统戏文，或是一些民间广为流传的小调。“舞蹈型”年簫表演重在舞蹈，要求表演者将灵活轻盈的舞蹈动作与年簫的使用合二为一。在表演中，年簫不仅是打击乐器，也是传递情感和展现舞姿的道具。“歌舞型”年簫表演颇受老百姓欢迎，表演者以棍击节，随着音乐的节拍起舞，表演极具感染力。

⊙北碚的年簫表演 吴祥鸿/摄

年簫表演时，表演者可单手执棍，也可双手执棍，敲击肩、臂、肘、腰、背、膝、足等部位或地面，也可两棍相击，振动铜钱作响，造成复杂的节奏变化，加上舞蹈动作和唱词，形成载歌载舞的热闹场面。表演者配合默契，年箫随着整齐协调的动作哗哗作响，悦耳动听，别有一种乡间风情。

近年来，北碚年箫舞蹈艺术的发展取得佳绩，各街镇都成立了专业的年箫表演队伍，值得一提的是施家梁镇的“施家双竹年箫”表演队，这是北碚年箫的代表队伍。此外，还有蔡家岗镇的“蔡家矮子年箫”、静观镇的“静观年箫”和柳荫镇的“柳荫年箫”等表演队。经北碚区文化馆改编的青春版北碚年箫多次受邀参与国内外大型的艺术交流活动，提升了北碚年箫的影响力，也促进了中国民间艺术与外国文化的交流。

⊙北碚的年箫表演队

北碚年箫第七代传承人刘建在施家梁镇双竹年箫的传承工作中身体力行，主动承担教授年箫的重任，曾参与获奖作品《施家双竹年箫》的排练工作。在她的努力下，年箫被带入节日的庆祝活动、文艺汇演以及游戏与比赛等场合。在这些场合里，年箫表演唱词和击棍法都围绕集会的主题而定，其唱词可现场自编自唱或背唱既定的文艺作品，其舞蹈队形可以有多种变化，组成各种图案，让人眼花缭乱，耳目一新。

在北碚乡间，无论是结婚闹新房，还是元宵节、端午节等传统佳节，都有年箫表演。作为一种古老的民间艺术，它承载着北碚乡民们的历史记忆，表达着人们对生活的热爱之情。

偏岩耍锣鼓

偏岩耍锣鼓是一种独具特色的民间打击乐，盛行于偏岩古镇。它既是古镇人民熟悉的乡音，也是吸引游客们慕名前来观赏、带动当地旅游业发展的一大元素。

偏岩耍锣鼓这一习俗由来已久，最早的耍锣鼓可以追溯到清朝道光年间，在近两百年的历史进程中，偏岩耍锣鼓在保持自身特色的同时不断吸收各家之长，传承至今。

以偏岩本地住户唐述清为首的唐家耍锣鼓队，是偏岩土生土长的耍锣鼓班子。同是偏岩本地人的李校槐也是偏岩耍锣鼓的传承人之一，他曾到合川拜师学艺，学成归来后成立了耍锣鼓班子。民国时期，合川的李全山带着家人迁居偏岩古镇，他擅长极具巴蜀特色的李家锣鼓，他领班的李家锣鼓所使用的曲牌多属于四川锣鼓系列，且具有较为强烈的戏曲节奏。彼时，唐述清、李校槐、李全山三班相遇，碰撞出艺术的火花，三个领班人经常在空闲之际相聚，交流分享耍锣鼓的技巧、心得。他们常常为了一场锣鼓的起调、主音、打法、配奏等琢磨好几天，直至满意才作罢。久而久之，三家的锣鼓技艺在切磋中都得到极大提升，形成了现在偏岩耍锣鼓的主要流派。

⊙非遗传承人表演偏岩耍锣鼓　肖志洪/摄

华蓥山的主峰宝鼎以其悠久的佛教文化闻名天下，民间流传着“西朝峨嵋，东朝宝鼎”一说。每年农历的六月至八月，各地香客会途经偏岩古镇到华蓥山朝山拜佛。香客以重庆的居多，也有远自湖北、湖南、安徽而来的香客，他们抬着“架香”（用纸扎制而成的圣驾）、大蜡烛与大香（即高香）等物品，翻山越岭、跋山涉水而来。此时，也是偏岩耍锣鼓的表演旺季，每当远道而来的香客们抵达偏岩下场口时，偏岩耍锣鼓便声声响起。偏岩耍锣鼓队与香客同行，一路上吹吹打打，锣鼓声响彻山林，直至香客们行至上黄街（也称半边街）后，才意犹未尽地停止演奏。偏岩人用一场精彩的耍锣鼓，为各地的香客接风洗尘，既体现出了古镇人民热情好客的天性，也帮助香客们驱散了长途跋涉的疲惫，偏岩耍锣鼓也因此被称为“架香锣鼓”。

⊙偏岩耍锣鼓队

偏岩耍锣鼓队在演奏曲牌与节奏上别具风格，代表作品有《王家场》《秦家场》《狮子锣鼓》《结婚大锣》等。根据不同场合的需要，耍锣鼓队会演奏不同的曲牌。高朋满座的婚礼上，一段欢快流畅的耍锣鼓表演既能助兴，也是对新婚夫妇真心的祝福。若是故人仙去，耍锣鼓队就会演奏哀怨悠长的慢节奏曲牌，缅怀逝者。乡里经验丰富的老人们只要一听锣鼓的打击节奏，心中便知一二。平日里娱乐嬉戏的演奏则较为随性，节奏可慢可快，时而欢快，时而忧伤，演奏的曲牌也是可长可短，随人心意。

⊙偏岩耍锣鼓队为演出伴奏

唐家班的耍锣鼓属于家族传承，非遗传承人唐前国当年是通过祖父的口传心授学习的耍锣鼓，他不仅要背下各种曲牌，还要刻苦练习各种乐器的演奏方法。唐前国擅长演奏大锣和马锣，包锣和大钹这几样乐器他也能熟练地打上几段。

为了让这门乡土艺术更好地传承下去，唐前国招收了田其文成为偏岩耍锣鼓的第六代传承人。如今，唐前国虽已故去，但田其文仍活跃在偏岩耍锣鼓队中，积极进行传承、保护古镇民俗文化的工作。

复兴贺家拳

相传清乾隆时，峨眉山武师智善来北碚复兴场传道授拳，居于复兴场的贺良春之父专心向智善学武，嘉庆末年，他将自己的武功传授给贺良春。贺良春刻苦习武，兼习医术，后来又外出访友求教，取众人之长，发展了一套独立完整的拳术体系。其拳术由几代拳徒广泛传播，至民国时，在复兴、静观、水土一带练习者众多，被人们冠以姓氏，称为“贺家拳”。

贺家拳具有峨眉拳派风格，脚稳桩矮，手画圆弧，出拳带劲，讲究浮、沉、吞、吐。在击技上注重气沉、心稳、力攻、巧取、等桩、乘势、借力、杀手八法。主要套路有八步桩、总撤、战地盘、子午拳、大小洪拳、金刚锤、板凳拳、游擒拳、子午棍、梅花刀、南洋刀、太极枪、子午枪、龙凤剑等。功法主要包括“嗨字劲”和“正阳功”。正阳功作为一种武术招式，即使外行听其名，一般也能知道一二，而“嗨字劲”之名，则令人好奇。所谓“嗨字劲”，与“嗨”有关，是因练习拳术发劲时，吐气发出“嗨”声而得名。“嗨字劲”是一套系统完整的硬气功法，是练习贺家拳术的必修课。练习“嗨字劲”共有五个阶段，分别为站功、坐功、桩功、顶功和撬功。习拳者通过学习“嗨字劲”，可练就一副硬如钢板的身板，为下一步的练习打下坚实的基础。

我国古代的习武者讲究功夫的实用性，这使得贺家拳在不断改进完善的道路上逐渐形成了攻防结合的拳术特征。贺家拳并不受限于徒手用拳，贺家拳的习武者也会运用兵器，如关王刀、开山斧、南蒲剑、智深铲、子午棍等。贺家拳的部分拳法、功法，被载入《四川武术大全》一书，嗨字劲、八步桩、战地盘等功法和套路，则被录入了拳谱。

在北碚，学习贺家拳正逐渐成为一种老少皆宜的健身运动，以强身健体、修身养性为目的，兼具表演性。在北碚的广场上，时常可以看到老人们约上三五好友，摸索着拳法的一招一式；意气风发的少年们在老师的示范下，细心地纠正自己的错误动作；还有七八岁的小孩，他们在大人的陪同下学习贺家拳的基本功，不大协调的动作，看起来憨态可掬……

贺家拳至今已有一百多年的历史，历代传承人都为复兴贺家拳的发展贡献了一己之力。第五代传人刘子均多次参加全国武术比赛，获得了首届中国传统武术节银牌等多项大奖。近年来，贺家拳传承人齐心协力，助力贺家拳的传承和保护。2014年，贺家拳入选重庆市级非物质文化遗产名录，这标志着贺家拳在传承上取得了重大突破。

⊙贺家拳第五代传承人刘子均向贺家拳弟子讲解武术精髓
王飞/摄

贺家拳始终讲求教武育人，真正做到了术与德的统一。“未曾习武先学德，未曾习武先学礼”，这是贺家拳在百年传承中形成的良好美德，习拳之人，重不在学其形，而重在学其德、传其德。吃苦耐劳、虚心好学、坚忍不屈，既是成功习得贺家拳必备的品质，也正是贺家拳在今天仍然焕发异彩的重要原因。

龙凤车灯

北碚龙凤车灯又称“逗幺妹”“跑旱船”，是一种传统的歌舞表演，主要流行于北碚龙凤桥街道辖区以及周边地区，受到民众的喜爱。

车灯表演者手持四叶瓦(民间打击乐器的一种。由四片小竹板分夹两手敲击)，根据需要采用打、摇、碰、抛四种手法，在锣鼓、二胡等乐器的伴奏下，进行大段的演唱，表演时，还有大灯笼、小灯笼、大头舞、扇舞、红绸等伴舞的烘托。作为人们生活中常见却又百看不厌的节目，车灯表演往往是一场晚会上的压轴好戏，赚足了观众们的掌声与欢呼。它在为人们带来欢乐的同时，也为人们提供了相聚一堂共庆佳节的契机。

随着音乐响起，表演者第一句放腔由高音突然下滑至低音，紧接着帮腔响起，此起彼伏，悠扬悦耳。车灯表演所需演员较多，演员们各司其职。由一位女性演员扮作车幺妹，肩背红绸或黄绸，绸的两端须系在车灯两侧，车幺妹踩着音乐的节拍，以纤细而曼妙的身姿晃动着车灯。另有两人扮作艄公或车夫推车，他们手拿桡片，围绕在车灯旁，适时进行表演。根据演唱桥段的变化，他们时而走在车灯前，时而又移动到车后演唱“车灯调”，样貌憨态可掬，惹人发笑。还有众多舞蹈演员身穿喜气洋洋的红色上衣，一个个喜上眉梢。他们肩披长长的红绫，手握两只小巧可爱的红灯笼，装扮得活泼、俏皮。舞台上的表演队形时有变化，车幺妹、艄公与手持红灯笼的演员们时而相互交错立于舞台中央，时而立于舞台一旁。在观众们喝彩声的鼓舞下，演员们迈着熟练的舞步，唱着醉人的曲调，将现场气氛推至高潮。

⊙龙凤车灯表演

台下的伴奏也是车灯表演中不可或缺的一部分，所用乐器多为一些传统乐器，如二胡、扬琴、板胡、中胡、三弦、琵琶、中阮、大阮等拉弦、弹拨乐器和大鼓、小鼓、马锣等击打乐器。各色传统器乐的妙音交织，恰似一场来自东方的“交响乐”。

车灯表演载歌载舞，多用方言演唱，抑扬顿挫的节拍、高亢激昂的唱腔感染着在场的每一个人，让观众沉浸在欢乐的气氛中。观众还可以亲身参与现场表演，与舞台上的演员们进行现场互动。有些经验丰富的观众会在台下帮腔，对演员的唱词做出适时且幽默的回应。与其一同帮腔的，还有现场的伴奏人员，他们“一心多用”，与观众们心有灵犀地相互配合。虽是即兴演唱，但是幽默、机智的表演在整场演出中有着画龙点睛的作用。

龙凤车灯表演的演唱题材广泛，内容丰富。既有历史题材，如歌颂丰功伟绩的英雄伟人，讽刺臭名昭著的奸贼佞臣等；也有故事传说，如名人典故等；还有歌唱祖国的大好河山、民族风情等题材。为了保持车灯表演的生命活力，演唱题材还做到了与时俱进，其中不乏反映祖国日新月异的变化、人民幸福美好的生活、感恩社会主义政策等题材。如《个体经济有贡献》《和谐盛世万民欢》等，就是歌颂新中国取得的伟大成就的作品。龙凤车灯的代表作《把重庆车灯来介绍》，则为世人展示了重庆秀美的山水风光，淳朴的人情风貌，其表演富有重庆特色。

⊙龙凤车灯演员

2008年，重庆车灯被列入第二批国家级非物质文化遗产名录。在龙凤桥街道人民上下一心的努力下，该街道已成为重庆车灯的教育基地，车灯表演传承与发展的重要阵地。

北碚区文化馆退休干部周传勋老人，作为车灯的市级代表性传承人，仍在为这份珍贵的非物质文化遗产贡献自己的力量。他创新推出了“软体车灯”来代替传统的彩棚船，使车灯表演在保持原有特色的同时，也增添了新的活力。

唐门彩扎

唐门彩扎属于传统手工艺，主要流行于重庆市北碚区偏岩古镇地区，是重庆市非物质文化遗产项目之一。它以竹篾为骨架，经过裱糊、彩绘、装饰等工序，制成各种形象的艺术作品，如龙、狮、鸟、鱼等。这些作品通常栩栩如生，色彩鲜艳，具有很高的艺术价值和观赏价值。

彩扎的制作程序复杂，扎制所用到的工具繁多。扎制骨架是制作环节中最为重要的一步，骨架关乎形状相似与否，因此必须选用韧性良好的竹条作为骨架原料。根据不同的扎制部位需求，竹条的宽度、厚度不一。彩扎外壳是将油纸、丝绸或棉丝纸等材料，用糨糊粘贴到骨架上而成。待作品成形后，再刷上明矾，使得外壳不易变形。最后一道工序是上色，手艺人根据制作物件的特征选取恰当的色彩，按淡至浓，由小到大的顺序不断晕染。上色完成后，彩扎的制作才算完工。

⊙唐门彩扎手龙 孙国胜/摄

唐门彩扎种类繁多，飞禽走兽都可成为唐门彩扎扎制作品的原型。龙灯就是其中的代表，不同形态的龙灯各有亮点：精致美观的纱龙在灯光衬托下绚丽多彩，惹人喜爱；流光溢彩的火龙缤纷璀璨，赢得观者阵阵掌声；多彩的手龙成了居民强身健体的新器械；灯饰龙与当下流行的灯光科技相互结合，成为游客们拍照纪念的网红打卡明星。除此以外，唐门彩扎还扎有大量的祭祀用品，如为香客们朝拜华蓥山所准备的圣驾（又名“架香”）、鬼王、烟火架等。

唐门彩扎为祝寿所扎制的铁拐李、汉钟离、吕洞宾、韩湘子、何仙姑、张果老、曹国舅、蓝采和等八仙与唐门彩扎的其他扎制品有所不同，扎制八仙，头部需采用泥头模，然后根据各个人物的身份上色，再配以成套的服饰。为寿星送上“八仙”，寓意八仙献寿，祝福寿星福寿绵长。

绘画是唐门彩扎工艺中另一个重要的组成部分。唐门彩扎的绘画既有精细严整的工笔画，也有肆意洒脱的写意画。人物画形神兼备，主要有福神、禄神、财神、寿星、月老、关公、观音、钟馗等。花鸟画活灵活现，以鸳鸯、鱼、松、鹤居多，画像着色明丽、立体感强，实为视觉艺术中的佳品。“吞口”是唐门绘画中较为独特的绘画种类，画面形似长着狮头的麒麟，额头上画有一“王”字，红眉绿眼，口含一把宝剑，威风凛凛。乡民们的新房落成之时，便将一幅“吞口”挂于新房大门上房的正中间，起镇妖驱邪、保平安之用。

唐乾太作为唐门彩扎的传承人，年少之时，便开始学习唐门彩扎工艺。几十年来，他兢兢业业地钻研彩扎。他的代表性彩扎作品就是色彩绚丽的“水八仙”：栩栩如生的鲤鱼、双眼炯炯有神的青蛙、英姿飒爽的虾兵蟹将、

⊙唐门彩扎龙头 孙国胜/摄

憨厚可爱的乌龟、威风凛凛的龙，还有活灵活现的鲇鱼、蚌。唐门彩扎中许多常见的装饰性年灯，亦出自唐乾太之手。他做的南瓜灯、冬瓜灯、佛手瓜灯、桃灯、柿子灯、杏灯等蔬果类的年灯栩栩如生，让人爱不释手；兔灯、鸭灯、宫灯、走马灯以及各种几何形状的年灯应有尽有，各具韵味。

如今，唐门彩扎仍然为手工制作，已经两鬓斑白的唐乾太依然坚持保护和传承这项技艺。2003年，他运用现代灯饰材料，巧妙地做了一个“二龙戏珠”的彩扎灯饰工程，春节期间在偏岩古镇展出，令人叫绝。集工艺、书画于一身的唐门彩扎，不仅向外界展示着当地的民俗文化，也被偏岩古镇的人们广泛用于节庆、婚礼等场合，增添喜庆氛围。我们相信，在当地政府和相关人士的推动下，唐门彩扎将被更多的人看见，也将受到越来越多人的喜爱。

⊙唐乾太在修复“水八仙”之一的水龙 秦廷富/摄

蔡家草把龙

蔡家草把龙是源于明代、盛于清代的一种民间舞龙艺术。舞草把龙的习俗源于一种祈神驱瘟、防火、降雨等的祭祀活动。以草把龙驱灾祈福的习俗，由来已久。同治年间所编的《来凤县志》就有记载，“五六月间，雨旸不时，虫或伤稼，农人共延僧道，设坛诵经，编草为龙，从以金鼓，遍舞田间，以禳之”。早年蔡家亦有类似的习俗，相传，当时的人们拿着草把龙游田坎、闹春耕，祈求风调雨顺。后来，蔡家有了场镇、戏台，大人在场镇上舞龙，小孩子们就拿着自己制作的草把龙跟着舞龙队伍欢天喜地地玩耍，草把龙渐渐进入百姓的日常生活。现在，北碚草把龙民间艺术主要分布于北碚区蔡家及周边地区。每年秋收过后，人们以稻草为材料，扎成龙形，庆祝五谷丰登，祈愿来年风调雨顺。

草把龙以稻草为材料制作，一般由龙头、龙身、龙尾、龙眼、龙须、龙衣以及龙珠等部分构成，从头到尾，长的有9节，短的有3节。编制草把龙，龙头是关键。龙头、龙身、龙尾扎制完成后，还有点睛仪式，人们会选出制作最精美、体形最庞大的草龙，在台前公开“点睛”。众人推举的德高望重之人拿上画笔，庄重地为龙画上眼睛，草龙顷刻间栩栩如生。

蔡家草把龙逐渐演化成为一种娱乐活动。在舞姿上，蔡家草把龙既融入了铜梁龙的表演形式，又加入了“水花”“干花”等表演类型，灵活多变。在音乐上，民间吹打艺人多用大锣、鼓、马锣、钹、包锣、唢呐等乐器演奏，演奏的曲目丰富，主要是地方特色突出的民间吹打乐。在角色分配上，一般为20个人，分两队舞龙，有时两龙分饰父辈龙和小孩龙上场表演，故有“蔡家父子龙”之称，也有夫妻同耍，称为“夫妻龙”。

舞龙是当地人喜闻乐见的表演，增添了节日的喜庆氛围。舞龙时，锣鼓喧天，激昂有力，草把龙被舞龙者高高撑起，以腾云驾雾之势向人们奔来。在舞龙者的挥动下，草把龙时而轻盈欢脱似稚子，时而刚劲勇猛如将士。灯火辉映下，草把龙不断变化姿态，随着音乐的节拍起伏翻腾，高则如遨游天际，低则像潜入海底，充满力量和动感。人们沉浸在舞龙的兴奋中，欢呼雀跃，蔡家草把龙则承载着人们的幸福，畅游其间。

蔡家草把龙也一度面临发展困境，甚至成了一项濒临失传的民间艺术。蔡家人刘映升看到此种困境，开展了草把龙的复兴与拯救工作，一度“沉睡”的草把龙也在他的不懈努力下再度“腾飞”。经过他在不同场所的表演以及积极争取，草把龙在2013年成功申报北碚区级非物质文化遗产，“‘蔡家草把龙’研究项目状元小学实践基地”也在重庆市北碚区状元小学挂牌。之后，西南大学体育学院的师生也加入了蔡家草把龙的传承工作。

⊙刘映升给西南大学师生传授草把龙制作方法

如今，曾获“全国中小学舞龙舞狮教育示范学校”荣誉称号的北碚状元小学，依然在默默地传承和发扬着蔡家草把龙的技艺和文化。状元小学的孩子们用自己扎的“龙”在文艺汇演中，表演了“三龙抢珠”的龙舞，稚嫩的生命和古老的技艺交汇在一起，越发显得生机勃勃。

“干谷草编草把龙，儿童玩龙气如虹。跟着大龙钻火海，自古少年出英雄。”蔡家草把龙用舞姿展示出龙的传人的精神面貌。

水土黄荆龙

黄荆龙表演是流行于北碚水土一带的一种舞龙民俗活动。相传它来源于古代的民间求雨仪式。“荆龙”跟应龙的音相近，传说应龙能够行云播雨，解除旱象；并且“黄荆”跟黄金在四川话中音相同，亦有用黄金求雨之意。人们以黄荆条为原材料，按照一定的比例和结构扎制成龙身、龙头、龙尾等部分，其长度在数十米到百米不等。

扎制黄荆龙时，通常要精心挑选优质的黄荆条。黄荆树是一种灌木，既能入药，也能制作女性挽发的髻钗。北碚一带黄荆树比比皆是，尤其是村子周边的荒野上，黄荆成片地繁殖生长，这为制作黄荆龙提供了充足的原料。优质的黄荆条的韧性极好、不易折断，能够很好地被塑为龙形。龙的骨架为三根棕绳，人们将黄荆条挽作一个圆圈后固定在龙的骨架上。不出两个时辰，一条伸展自如的黄荆龙便制作完成了。然后，人们还要给龙身披上绿色或者黄色的绸布，最后请当地德高望重的人进行点睛仪式，这时，一条完整的黄荆龙才告完成。

舞黄荆龙往往是全村镇的集体活动，人们都尽情投入，以求风调雨顺。舞龙者赤着上身，穿着短裤，舞动龙头、龙身、龙尾，沿街而行。当舞龙队伍开道的锣鼓声从远处传来，沿途众多商家和街坊四邻，早已按捺不住期盼已久的心情。舞龙队伍渐渐走近，人们看到黄荆龙紧随锣鼓队翻滚而来，十来个身强力壮的汉子举着黄荆龙左右不停地翻动，准备迎接清水的洗礼。人们用木桶、瓦盆等盛水工具盛满水拿到门口，准备“以水致意”。传说水泼得越多，雨就下得越大。民众们奋力泼水，期待天降甘霖。满当当的一盆水“啪”的一声，响亮清脆地拍在舞龙人黝黑发亮的后背，溅出的水花模糊了他们的眼睛，使得他们不时地用手抹去眼角的水珠。有的人还将水泼向黄荆龙，龙身舞动，伴随水花点点落下，宛如神龙戏水。

随着科学知识的普及，舞黄荆龙的意义已经发生了变化，人们不再用这种方式求雨，但是黄荆龙作为一种古老的文化习俗保留了下来，成为人们娱乐的重要活动。从娱神到娱人，黄荆龙走过了漫长的岁月。

三圣大鼓

三圣大鼓是流行于北碚三圣镇及周边的一种独特的民间艺术，融击鼓、音乐、舞蹈为一体。在三圣镇历年的华佗庙会上，三圣大鼓从未缺席过。率先登场的是十来个体形硕大的鼓，它们以整齐的队形立于戏台之上。两只红绸包着的鼓槌安静地躺在鼓面上，等待着鼓手的“召唤”。紧接着，英姿飒爽的鼓手们迈着雄健的步伐登上了舞台，他们面向观众，站在大鼓的后方，拿起鼓槌并相互示意，坚定的眼神里流露出他们对鼓的热爱，他们要为庙会奉献一场精彩绝伦的表演。在观众们急切的期盼下，雄浑磅礴的鼓声似千军万马奔来，直入观众的耳中。鼓手们两腿分开，站成马步，双手紧紧握住鼓槌，举过头顶的位置后，利用腕部的力量将其打在鼓面上。鼓槌在一双双充满力量的手中，上下飞舞，与鼓心、鼓边有了无数次亲密接触。鼓手不时变换着击鼓的位置，调节着击鼓力度和节奏，使得鼓声时而浑厚低沉，时而铿锵有力，时而如雷霆万钧，时而似万马奔腾，演出气势宏伟、震撼人心。观众们置身于急促、密集的鼓声中，仿佛身体的每个细胞都在随着鼓声而跳动，心里生出一种淋漓尽致的欢畅。

⊙三圣大鼓表演　秦廷富/摄

随着社会经济的发展、社会观念的改变，三圣大鼓不再只为庙会助兴，它已成为北碚区三圣镇的特色民俗文化表演。三圣大鼓的传承，在原有表演的基础上，创造性地发展出士气鼓、欢乐鼓及健身鼓等迎合时代发展的表演种类。不仅如此，男性鼓手渐渐退出舞台表演的中心，女性鼓手日益增多，改变了昔日以男性鼓手为主的习俗。

同时，三圣大鼓的表演有所创新，有了音乐伴奏，还加入了大量的舞蹈动作，从而富有变化性、时代性和审美性。

作为一项独具碚城特色的民间表演艺术，三圣大鼓不仅是当地群众思想感情最直接的流露，也折射出他们的理想和追求。他们通过这种简单、朴素的艺术形式，将自己的心声通俗、形象地表现出来，感应着时代的脉搏。如今的三圣大鼓具有表演内容丰富、演奏技巧多变、演出气势宏伟等特点，观赏性强，深受当地人民群众欢迎和喜爱，赢得了广泛的社会基础。

⊙表演三圣大鼓的同学们　秦廷富/摄

当地政府为了传承和发扬这项文化，将三圣大鼓纳入了中小学生实践课程教育中，随着技艺传承梯队和课程体系的逐渐成熟，师生有了更深入了解该技艺的机会，更多地领悟到三圣大鼓这一传统文化的魅力。众多文艺工作者和传承人亦加入保护与传承三圣大鼓的队伍中，推动三圣大鼓创新发展，创造出广场式、舞台式、行进式等多种表演形式，打造出规模几十人、上百人不等的精品节目。

三圣大鼓发挥了凝聚民心、怡情冶性的作用，也在岁岁年年中传达出人民群众对美好生活的热爱和向往。

川剧玩友

川剧玩友是川剧爱好者以戏会友、研习川剧艺术、表演川剧以自娱，而不以演戏为终身职业的一种群众文艺组织，其成员具有较强的戏曲表演和鉴赏能力。玩友们常常三五结伴，唱打兼擅，俗称“打围鼓”。川剧玩友在川剧艺术的传播和发展中扮演着重要角色。

民国初年，社会各色人等穿梭于北碚的茶馆，这里也成了川剧玩友们经常聚集的场所。表演者在茶馆内围桌而坐，既不施粉墨，也不着戏装，以鼓、锣、钹、川剧胡琴、唢呐等为乐器，自吹、自打、自唱，悠然自得地演绎川剧片段。观众则围坐四周，品茗听戏，陶醉在戏曲优美的曲调中。因其表演多是坐在板凳上唱，故有俗名“板凳戏”。在川剧表演的热烈氛围中，人们以玩交心、以戏会友，共同参与这场平民化的娱乐活动。

玩友们有时也出表演，一般为红白喜事的人家所邀，或参加庙会为其助兴。上门表演的举动称为“出箱”。按规矩，“出箱”的第一出戏须根据主家的请箱事由而定。一般是生日之喜唱《千秋寿》，新婚之喜唱《龙凤配》，喜得贵子唱《天仙送子》，新铺开张唱《黄金窖》，丈夫英年早逝唱《讲佛》，妻子香消玉殒唱《青石岭》。他们以剧目表达对主家的真心祝福，或是对主家亲人的沉痛悼念。无论何种场合，唱犯讳戏是行内大忌，即生日不唱《九人头》，新婚不唱《重台别》，生子不唱《江油关》，开张不唱《困夹墙》，丈夫去世不唱《劈棺》，爱妻仙逝不唱《活捉》等。惯常情况下，“出箱”都要向主家收取少量费用，名 为“箱底费”，作为演唱人员的生活补贴。有的则免出箱底费，主家只需备办茶酒招待即可。

除了日常的活动演出之外，北碚的川剧玩友组织也积极参与社会事务。他们具有很强的社会责任感，常在演唱间隙穿插爱国主义教育，极大地鼓舞了人民群众保家卫国的斗志。

为顺应时代之风气的变化和观赏者之需要，玩友组织逐渐对坐唱现场加以装饰美化，在坐唱现场挂上绣花耳帐、围上桌围、放上椅褡等，改善观众的观戏体验，桌上还精心摆放画屏以及精致的新式台灯等物件。放置板鼓的木架也被改为铸有龙头的铜柱，颇显气派。演唱者也开始注重着装打扮，让观众耳目一新。另外，各玩友组织内部之间、玩友组织与专业剧团之间的沟通交流活动日益增多，他们时常聚在一处切磋技艺，相互学习。有时玩友会与专业艺人一起外出活动，参加玩友社团坐唱，称为“合闲”。还有玩友与专业艺人合作演出，人们称其为“票戏”，故后来玩友亦称票友。

新中国成立后，北碚的川剧玩友组织得以脱胎换骨。为传承川剧传统，丰富地方民众的文化生活，1950年4月，在改造了原有川剧玩友组织并招募了一批川剧骨干的基础上，由张玉成、孙羡陶、刘启宏报请北碚军事管制委员会批准，成立了北碚人民川剧团。1951年底，经北碚区文教科决定，秦永国任团长，改名为“北碚川剧团”。1960年5月1日，经北碚区人民政府批准，北碚区川剧团成为国营剧团，由秦永国任团长，邹西池任副团长。北碚川剧团立足本地，面向农村，兼顾厂矿，深入部队，坚持文艺为工农兵服务的方向。在演出剧目上，经发掘与整理，创作与改编的剧目有《反朝歌》《潘金莲》《西楼记》《郑成功》《范蠡与西施》《商鞅变法》《独傲霜天》《岳飞》《汉宫烟云》《连环案》《三打白骨精》《云台颂》《拨云见天》《力争上游》等，加上原有的传统剧目，共567个。

在众多的演出剧目中，《治中山》（张德翔整理改编、邹西池导演并主演）一举夺得重庆市第一届戏曲会演的演出、导演、演员与音乐等多项奖（1956年）；《汉宫烟云》

荣获重庆市文艺创作调演一等奖（1979年）；《夜奔杀滩》获得“重庆市青少年会演”集体奖（1982年）；《禹门关》（张德翔、李侠整理改编，朱菲范导演，熊平安主演）参加四川省振兴川剧会演获得演出奖、剧本整理奖和精神文明奖（1983年），随后赴京汇报演出，得到了文化部门领导的高度赞扬；《中山羹》荣获重庆市专业剧团艺术质量调演集体奖（1984年）。

⊙北碚川剧团演出剧照

时过境迁，根据文艺团体改革的需要，北碚区川剧团已不复存在。当翻开一张张泛黄的老照片，那段被尘封的岁月再度浮现，诉说着过往的辉煌。如今，川剧玩友依然活跃在北碚街头，政府也在加大保护和推广力度，为玩友们提供资金、资源等支持，增强了川剧玩友们的凝聚力和归属感。

第三部分

乡情续缘

费孝通《乡土中国》中说:“从基层上看去,中国社会是乡土性的。”“因为只有直接有赖于泥土的生活才会像植物一般地在一个地方生下根,这些生了根在一个小地方的人,才能在悠长的时间中,从容地去摸熟每个人的生活,像母亲对于她的儿女一般。”我们对故乡的思念,无不出自一种对存在的追寻,对根脉的皈依。这份“乡情”,存在于某个热闹的节庆活动中,存在于习以为常的生产生活方式中,更存在于每个游子的心中。在高速运转的现代社会,乡情不仅是心灵的“避难所”,更是连接起华夏儿女的精神纽带。用文字记载下这些难以言说的情感,让一件件旧物件、一个个旧习俗重见天日,除了传承,更是给我们以心灵的滋润,引发我们关于过去与未来的种种思考。

在北碚，这份乡情延绵不绝。赶庙会上香、看木脑壳戏、过金桥、吃小吃，婚丧寿诞习俗……在新旧交替的当下，北碚人依然传续着那和乐庄重的乡情，在纷扰的世界里，寻找熟悉的温热。

且说庙会

在我国，赶庙会的习俗由来已久。

在庙会上，人们会烧香、供祭品、祈祷，希望得到神灵的庇佑与保护，祈求平安幸福。山山有庙，庙庙有神。每座庙都有各自供奉的先祖神灵，如五通庙供五通神，十王庙供十帝阎君，等等。庙会也是一个极具特色的民间盛会。

在北碚的三圣镇建有一座华佗庙。华佗是我国东汉时期著名的医学家，《三国志》中记载："华佗之医诊，杜夔之声乐，朱建平之相术，周宣之相梦，管辂之术筮，诚皆玄妙之殊巧，非常之绝技矣。"由此可见华佗医术之高明。华佗还是我国历史上首位施行外科麻醉手术的医者，同时也是"麻沸散"的发明者及使用中医针灸治病的先驱。

后世为了纪念仁心仁术的华佗，全国各地都建有华佗庙，人们祭拜华佗是希望实现平安康健、多子多福的心愿。

关于华佗的生辰，民间有多种说法。北碚民间传说农历七月初七是华佗的生辰，所以三圣、静观一带的老百姓都在这天到庙中祭拜，祈求神医华佗保佑自己及家人身体健康、诸事顺利、多子多福……期待庙会的，不仅有怀揣心愿的祈福者，还有小商贩们。庙会前，他们早已备好货，盘算着如何借此机会多赚点钱。孩子们也在兴奋地期待着庙会上各种好吃的、好玩儿的，华佗庙会的种种热闹，就这样不知不觉地扎根在无数人的童年记忆中。

三圣的华佗庙会每年都热闹非凡，人山人海。自七月初六至初七下午，到华佗庙上香的香客络绎不绝，他们平日里省吃俭用，此时却毫不吝啬地掏钱买香来祭拜医神华佗，为自己和家人祈求健康。在距离华佗庙数百米的水泥路两旁，商贩们早早地搭好了摊位，一把把五颜六色的大遮阳伞是他们的防暑法宝。庙会期间，通往华佗庙的道路变成了一个热闹的集市。从时令美食到精巧物件，集市所贩之物可谓应有尽有。叫卖的吆喝声、议价声、孩子的欢闹声交织在一起，让庙会洋溢着欢乐的气氛。

除了上香与赶集，庙会期间还有不少娱乐活动。唱戏，是上至古稀老人，下至五岁孩童都万分期待的精彩节目，也是一场庙会的高潮。听，庙门口处突然传来一阵激昂的锣鼓声，一位大嗓门的香客高声欢呼起来："逗狗锣响起来啦！要唱戏啦！"敲锣的人足足敲了十来分钟才下场。赶庙会的人们纷纷加快脚步，走向戏台，力争占得"观戏佳地"。

⊙赶庙会看演出 马冀渝/摄

演员们正在做上台前的最后准备，观众们则在台下翘首以盼。又过了二十来分钟的时间，演员们在此起彼伏的喝彩声中粉墨登场了，只见他们踱着轻快的小碎步，双手优雅地抖动着戏服宽大的衣袖来到戏台上，站定后，便有模有样地唱了起来。演员们一会儿转圈儿，一会儿稳稳地站在舞台上念白……他们以气托声，以声送字，以字达情，以情化腔。看得台下的观众们如痴如醉，浑然不知孩子早已挣脱了自己的双手，跟着小伙伴儿们嬉戏去了。

⊙庙会唱戏

戏班子有大戏班子和小戏班子之分。大戏班子深受成年人的喜爱，小戏班子则成了孩子们眼中的“人气王”。当大人们沉醉于戏台上的爱恨情仇、聚散悲欢时，孩子们早已经聚集在了耍“木脑壳”的手艺人周围。小戏即木偶戏，木偶戏又分为大木偶和小木偶，也就是村民们口中的大木脑壳、小木脑壳。玩木偶又叫作“走影子”，表演所用木偶都是制作精美的签子木偶，即用小竹棍支撑以完成多种动作，表演时动作惟妙惟肖，逗人发笑。

人们看戏之时，手上免不了要拿点吃食。小商贩们总是密切关注着各个小戏班子的动态。演出之时，卖瓜子花生的、卖芝麻杆糖的、卖锅盔的商贩们也见缝插针地推销着自己的商品。孩子们看见各种色泽诱人、香气扑鼻的吃食，免不了各自寻了家里的大人，牵着衣角撒娇讨要。大人们有的忙着和集市贩子讨价还价、有的沉迷于大戏舞台、有的赶着上香祈福。一个个心系他事，只好妥协，买些零嘴好尽早“脱身”。也有少数童心未泯者、爱好逗乐者与孩子们一起前往驻足观看。在这场庙会里，人人皆各得其乐。十里长街里，充满了人间的欢喜。

华佗庙会，挑的日子是华佗的生辰，而除去这种特定的日子，也有一些约定俗成的祈福时节，农历二月十九便是这样一个重要的日子。这一天传说为观音诞辰，因而又叫“观诞日”。后来，农历二月十九不仅是庆祝观世音菩萨降世的日子，更是一个人们祈求平安幸福、智慧仁善的日子。虽然不同的神灵掌管着不同的福祉，但人们美好的心愿是相通的。

对于不少北碚人来说，多年前农历二月十九日在五通庙举办的那一次庙会，至今仍回味无穷，成了他们人生中不可磨灭的幸福记忆。

那天清晨，当悠扬的钟鼓声从五通庙里传来时，人们就陆续朝往庙会举办地走去。晌午时分，五通庙外的河坝已成了最热闹的地方。河坝上的人多是为了看木脑壳戏而来，只见戏班子先用两米多高的布围了一块地，表演者在里面敲锣打鼓，锣鼓声与川戏相似。表演开始，一个个约有1.5米高的木偶人陆续登场，它们或打斗，或模拟逗唱，手舞足蹈，神似真人。最有趣的是，它们竟然还能吹胡子、眨眼睛,逗得在场观众忍俊不禁。

在人群的外边,最吸引人的是卖小吃的。一位中年大叔吆喝着“打麻糖”,他将手中的工具有节奏地敲得叮当响。也有卖芝麻杆糖的,他们做的芝麻杆糖如拇指般粗,外面裹着一层芝麻,吃起来又香又脆。一群孩子买了五根芝麻杆糖,然后用这五根芝麻杆糖玩起了游戏,只见其中一个孩子紧紧握着一根芝麻杆糖,另一个孩子则用另一根芝麻杆糖去敲这个孩子手中的芝麻杆糖,两根芝麻杆糖相撞,谁的断了就算谁输,就归对方所有了。他们乐此不疲地玩着这个游戏,互相猜测着谁输谁赢,未猜对的小伙伴,还要挨手板。

他们正聚精会神地玩着游戏,忽然听到吆喝声:“吃粑粑哟! 吃粑粑哟!”循声跑去,原来是一个老大娘在叫卖。她将一口锅搁在简陋的火炉上,简单地抹了些油后,就开始烙一块约巴掌大的面饼,在炉火的“催促”下,锅里发出滋滋的声音。她不时将粑粑翻面,不一会儿,两面金黄、香气诱人的粑粑就出锅了。她旁边还有一位中年男子,支一口小锅,在一个小碟状的工具里面装满豌豆和淀粉,将它们搅匀后,放进滚烫的油锅里,油锅顿时沸腾起来,扑鼻的香气伴着哧哧的油炸声飘进了鼻子,这是当地的特色小吃炸豌豆糕。几个小伙伴将身上的钱凑在一起,买了粑粑和炸豌豆糕共同分享。吃完后,钻进人群,继续他们的嬉戏玩闹。

河坝的另一处，一个中年人在地上摆了一块油布，又在周围摆了一些药。摆好后，便开始有模有样地舞弄起刀棍来。只见他动作如行云流水，颇有气势，吸引了不少人来围观。突然，他将刀扎向自己的肚子，引起围观人群的一阵惊呼，他则似恶作剧成功一般，一挥刀剑，发出豪气干云的笑声。这就是北碚人常说的江湖上“卖打药的”。

中年人的旁边是几个卖小玩意儿的小商贩，为吸引顾客，小商贩将拨浪鼓摇得咚咚响。他们将拇指粗的竹子切割成寸许长，染上颜色，再用一根线串起来，前面做个蛇头，后面加上蛇尾，只要摇动蛇尾蛇头，“蛇”便会左右扭动起来，甚是有趣。

在这场盛会里，既有庙内的香火连绵，也有庙外的岁月静好，真是人神俱欢。这一次的庙会，成了一幅色彩鲜艳、历久弥新的风俗画，深深地烙印在赶庙会的人的脑海中。

记忆中的庙会仍旧鲜活，而当下的庆典也持续不断。庙会从未被遗忘在历史深处，而不断上演着人间的欢声笑语，寄托着人们对美好生活的永久追求。古老的仪式，也在庙会中不断获得当下的生命力。

2004年，北碚偏岩古镇禹王庙修复，不久便在庙前的扯谎坝举行了一次盛大的庙会。听闻这次庙会要举行多年未见的“过金桥”[①]活动，大家激动得奔走相告。

农历七月十五日，禹王庙前人山人海，既有来自附近村镇的百姓，也有合川等地来赶庙会的香客。庙内的仪式结束后，过金桥的仪式开始了。鞭炮齐鸣，锣鼓喧天，金桥两头的“护桥将军”和“桥头土地”带领着香客们陆续过桥，口中还不断地唱着什么，香客们却不停地说笑嬉闹，争着率先走向“坦途”。此时，人们忘记了生活中的一切烦心琐事，无不露出心满意足的神情。

⊙北碚偏岩古镇禹王庙

除了“金桥”前的人山人海，在黄葛树的阴凉处，买凉粉、凉虾、冰粉等小吃的顾客也络绎不绝，卖水果的生意也不逊色。一些岁数较大的人挤不赢年轻人，只好在茶

① “过金桥”有“越走越明、越走越亮”的寓意，是人们祈求前途光明坦荡的仪式。

馆里喝茶闲聊，看着眼前的景象，他们深切地感受到，只有国富民安、团结和谐才有这样的盛况。体会着今天的幸福，也有不少老者回忆起儿时的庙会往事。“你还记得当年的芝麻杆儿糖是什么味道吗？”“你还记得那年的木脑壳唱了什么吗？”他们绘声绘色地谈论着当年的情景，脸上浮现出幸福的笑纹。离茶馆不远的地方，一个50来岁的男人在做糖画，他身边围了一群儿童，津津有味地看着他做糖画。只见他舀一勺熬好的糖浆，来回浇在光滑的石板上，不一会儿，一条威风凛凛的龙就出现在石板上，他拿出一把铲子，将龙铲起，粘在竹签上，插到一边。接着是凤凰、蝴蝶、雄鸡、鱼、猴……黄灿灿的，在阳光下闪着蜜一样的光泽，造型生动可爱。孩子们银铃般的笑声传入耳中，老人们看着熟悉的场景，不禁忆起自己的童年，那时赶庙会的开心，也再度回到心中。

大人们在寺庙里向神灵祈求了些什么，当年的木脑壳戏唱了些什么，可能今天已经忘却了。恒久存在的是对美好生活的向往，是永不褪色的人间烟火。

缘起缘续

婚嫁与死亡，是人生的重要组成部分，也是人生结缘和续缘的开始。

通过“问名”“插香”“合庚”等诸多环节，到婚礼当日，一段美好姻缘在众亲的祝福声中开始。此时不仅是新婚夫妇最神圣的时刻，也是他们婚后幸福生活的开始。

与生相对的是死，民间认为人的死亡不仅是个体生命旅程的终点，也是下一道轮回的起点。英国剧作家兼诗人约翰·德莱顿对待死亡的态度是：我们像旅人那样走向目的地；世界是客栈，死亡是旅行的终点。鲁迅先生说：“过去的生命已经死亡。我对于这死亡有大欢喜，因为我借此知道它曾经存活。”在日本作家村上春树看来，死并非生的对立面，而是作为生的一部分永存。

而生朝满日的缘分，亦传递着人间的情谊。

（一）喜结缘——北碚传统婚俗

北碚的传统婚俗主要有提亲、插香、办花园酒、拜堂、闹房、回门等。

婚礼的前一日，新娘的家里要办先花园酒（也称“簪花酒”）。要请一位福禄双全的妇人为新娘“扯脸”[①]，将新娘黝黑的秀发梳挽成髻，并为新娘插上精致的头簪。等换上新衣，就要举行“辞祖”仪式。拜别祖先之后，还须拜别养育自己多年的父母。父母早已将女儿的陪奁放在堂屋的桌上，此举称之为“亮箱”。亲友们也毫不吝啬地拿出一点心意，为新娘“添箱”。然后，父母谆谆教诲新娘，告知其为人妇要通情达理、孝敬公婆、与邻里和睦相处……在看似唠叨不停的话语中褪去了往日的严厉，夹杂的是父母对女儿的不舍与祝福。

“坐歌堂”是年轻宾客们都要参与的一项重要仪式。参加“坐堂歌”的女孩们多是新娘的闺中密友，她们以歌声诉说多年的深情厚谊，也在歌声中为新娘送上新婚祝福。

而在此刻，男方家里亦是高朋满座，热闹非凡。新郎早就穿戴一新，迎接到场的亲朋好友。前来表达祝贺的至亲好友相对站两排，向新郎父母及新郎表示祝贺。一

① “扯脸”，是用提前备好的糠壳灰涂抹在新娘的脸上，再用线绞去新娘脸上的汗毛，又称“开脸”。

位中年男子缓缓行至新郎面前，为他的帽子插上一朵做工精美的金花，又将两条红绫斜披在新郎的双肩上，这叫“妆郎”或“贺郎”。就在这时，一声浑厚而又极具感染力的声音传入宾客的耳中，原来是喊礼先生出场了。喊礼先生喊道：

赞花：帽插金花，宜尔室家。天长地久，富贵荣华。

赞披红：身披喜红，气象雍容。而今而后，福禄同享。

…………

喊礼先生领着新郎来到新郎父母前，新郎再次跪拜。喊礼先生严肃认真地向新郎介绍明天正式迎娶新娘时的礼节，介绍完毕后，便同宾客们一齐入席享用佳宴。

迎亲当日，新郎由媒人和家中长辈陪同，启程前往新娘家。新郎迎亲，一路同行的不仅有一乘四人花轿，还有数乘二人小轿，且须有几位十二三岁的孩子坐入轿中，这是北碚的风俗，称为“压轿”。新郎迎亲，要给新娘家带去十二个抬盒，盒内分别盛着半只猪肉、一只羊、一只鹅、一坛酒及各种可口的糕点，还有为新娘缝制的不同季节的衣服和饰品。

到新娘家后，为了赶上良辰吉时，迎亲一行人将新娘的陪嫁物品全数装入抬盒。陪嫁物品中被褥、蚊帐、枕头等寝具是必不可少的。亲戚朋友为新娘赠送的“添箱”也在陪嫁物品之列。陪嫁物品之中还有父母为其新制的床榻、对柜、对箱、洗脸台以及座钟、盆景、掸瓶、脚盆……

新娘在一位年长女宾的搀扶下，缓缓走进花轿内。待坐稳后，便用备好的新锁将花轿门锁住。锁轿门如同锁新娘之口，意在暗示新娘成婚之后切勿多嘴招惹是非，不仅要与公婆和睦相处，还要团结邻里。

喜乐奏响，迎亲队伍起轿回程。待花轿进入男方家后，便开始举行“回车马”仪式。厨师左手提着一只公鸡，右手持刀，快步走近新娘的花轿并迅速宰杀手中的公鸡，然后提着公鸡绕轿一周，口中念叨着：“姜太公在此，诸神回避。”司礼先生在大门处高喊：“吉日良辰，天地开张。新人到此，车马回乡。娘家车马请回去，婆家车马请来迎！”司礼先生话毕，另一人接着说道：“男出华堂，女下香车。新人到此，举案齐眉。”说完此话后，他又与司礼先生合声唱道：“姜太公在此，百无禁忌，诸神回避，上上大吉，大吉大利。”随后，轿外人将手中的盐、茶、米、豆等撒向新娘的轿门，意在告知一切妖魔需要回避。接着，抬轿人上前，将新娘的花轿调头，新娘的送亲人接过钥匙上前将轿门锁打开，一位女嘉宾开启轿门并小心翼翼地将新娘扶出轿子。新娘盖着盖头，与新郎并肩而立。喊礼先生高唱《周堂歌》：“东方红云起，西方紫云来。两朵彩云来相会，云中现出新人来。”祝曰：“喜烛双辉，喜香三上，喜酒盈樽，喜炮连声，和睦传芳，人伦开始，互敬互爱，偕同到老，宜屋宜家，夫唱妇随。”赞曰：“一对新人福寿长，洞房花烛喜洋洋，之子于归配凤凰，牛郎织女配成双。”新人在司礼先生的高声引导下，依次拜过天地、父母，最后夫妻对拜。

拜堂仪式结束后，两位可爱的小男孩（七八岁年龄）各持神台上的红烛，引着新人步入新房，新郎手牵红绸一端，新娘则手牵红绸的另一端。进房后，新郎先在床上坐三下，新娘再随之坐下，此举表示夫唱妇随。随后，新郎便揭开新娘的盖头，将盖头斜披在新娘的右肩处，开始“坐烛”。但是新娘却并不会喝下杯中的酒，而是与新郎交换红蛋。房中的女眷纷纷争抢新娘碗中之食，寓意为多生多育。

“拜客”是婚礼中最为隆重的环节。新娘此时换下身上的凤冠霞帔，穿上便于行走的衣服，同新郎出门“拜客”。新娘在喜娘的搀扶下行至中堂与新郎并立，二人面向神位，首先向父母行叩首礼，然后依次向在座至亲长辈中年高德劭、福寿双全的原配夫妇行礼，再向族中尊长行礼。长辈们接受新人三拜，并赠予新人礼金、礼品及其他物品。歇息片刻后，“正酒”（也叫“状元酒”）便开席了。喧嚣过后，夜幕降临，到了“闹房”的时间。

北碚的“闹房”习俗有着别样的风格。参加闹房的不只是年轻人,也有长辈,人称“三天不分大小”。“红漆桌子亮堂堂,满盘菜肴与果糖。今夜洞房鸾凤配,来年喜蛋请我尝。”温文尔雅的长辈脱口而出便是极具打趣意味的诗句。在座的其他人也不示弱,纷纷说出祝福的话语:“新人有钱,赛过圣贤。头戴金玉,赛过天仙。早生贵子,不上一年。扬名天下,富贵双全。”闹洞房的人与新人闹至深夜,直到宾客离开,酒席散去,人们将这称为“吃闹房酒”。

新婚夫妇于举办正酒的第二日回女方家叩拜女方父母,即“回门”。二人带上礼品,在媒人的陪同下乘轿来到女方家。抵达娘家后,点燃香烛,鸣放鞭炮,先拜列位祖宗,再拜父母及家族里的其他长辈,长辈们再次赠予礼品。午饭后,夫妻二人告别父母,回到自己家。接下来是同宿七日,之后,娘家会有人来接新娘回家再住九日,此为长久之意。

婚姻代表两个人生命旅程的交织,婚礼既是每个人生命中最盛大的一次人生礼仪,也是最难忘的人生经历。随着时代的发展,一些古老的习俗今天已经消失。北碚的婚嫁习俗也跟着时代的步伐发生了巨大的变化。

(二)缘不断——北碚传统丧礼

丧礼不仅是生者对逝者的祭奠、追思,也传递着家族、亲族之间的缘分不会因逝者的离去而中断这一信息。

老人仙逝后，后辈在家门口挂上望山钱（一种长条纸钱）、烧袱纸，安排专人燃放鞭炮，并且要将家中的门神和家神蒙住。亲人用陈艾烧水，又用新白布在自己的背心、胸、腰三个身体部位各擦三下，沐浴结束后再为老人穿戴寿衣、寿帽。穿戴完整后，将老人的遗体移至中堂木板上，用纸钱盖脸，再用青、白布做成的方形被盖在老人的腰部，还要用数根青棉线捆住老人脚上的寿鞋。家人在停尸的木板下点上一盏七星灯（又叫过桥灯，实为以菜油为燃料的油灯）。至此，小殓仪式完成。

⊙20世纪40年代北碚的葬礼

待老人的直系亲属都已到齐，大殓便开始了。各位亲人依次与老人告别，找来老人在世时常穿的衣物，连同柏树枝一起填塞入棺内，又用上等的白绸扎在四周，然后将老人移入棺内，为其盖上棉被，揭去其脸上的盖面纸。亲人们再次瞻仰老人的遗容。然后钉上棺木。

在掌坛师的指挥下，大家有条不紊地布置灵堂，设置灵位。老人的长子将尊祭日期讣告于家门前及乡里行道边的墙上。随后，请来乡里有名的装颜匠扎制千灵房、纸人、纸马等。还有用金色纸为逝者制作的四季装箱，作为送葬之物。

逝者下葬前，须举行家祭仪式。完成点主礼后，礼仪先生分立于灵前供桌左右两侧。孝子、次子及各位亲属们均着孝服，头戴孝帕的主仪、副仪配合默契，一唱一和，宣呼："鸣炮、鸣金。鸣锣鼓！"话音刚落，锣鼓喧天、鞭炮齐鸣，唢呐声应声响起。引事先生走进主家房内，将在内堂等候多时的孝子孝孙们带至灵堂前，行跪拜之礼。奠仪即将进入最重要的一环，主仪和副仪的声音再次响起："安奉灵祖牌位！"鞭炮声和锣鼓声再次响起，主仪双手捧灵位放于神龛之上。接下来，便由主仪宣读祭文（即追悼词），宣读完毕，孝子孝孙们含泪进行最后的哀悼，为老人焚烧纸帛，奠礼随即走进尾声。

在北碚，人们对逝者安葬于何处极为讲究。历来便有"十贵"[①]的说法，"十贵"之地是墓穴的最佳选择。墓地选定后，便可以动工挖墓穴了。正式开挖前，须摆上三牲酒

① 十贵：一贵青龙双拥，二贵龙虎高耸，三贵嫦娥清秀，四贵旗鼓圆丰，五贵砚前笔架，六贵官诰覆钟，七贵圆生白虎，八贵顿笔青龙，九贵屏风走马，十贵水口重重。

礼，点香烛，化纸帛，杀公鸡。阴阳师选定方向后，举起手中的锄头在东、南、西、北四个方向各挖一下，随后便由帮忙的村民挖出一个长两米、深一米的墓穴，以待安葬之用。

阴阳先生不仅预先为老人选定了适于安葬的黄道吉日，就连入葬时辰也已确定。凌晨时分，亲友们陆续来到家中等候，僧道们为逝者做“辞灵”道场。送葬队伍中，八人抬棺，俗称“抬八轿”。当老人的灵柩出发前往墓地之时，由鼓锣开道，旗帜、幡盖等紧随其后。长子捧着老人的遗像走在灵柩的前面，各位女眷则跟随在灵柩之后，送老归山。各种陪葬的物品紧随其后，另有一人不停地燃放鞭炮，向空中抛撒买路钱。

抵达墓地，抬棺的人将灵柩停放在墓穴一旁。阴阳先生掏出罗盘定位三线（即中脉、底、天三线）。定好三线后，便将棺材移入墓穴，再微微校正灵柩摆放的位置。送葬子孙跪在墓穴前方，并由阴阳先生“封龙口”。阴阳先生站在墓穴前用高亢的声音唱道：“此地是个白鹤山，据我判断子孙言，一咏子孙万万代，二咏富贵福双全，三咏三元定及第，四咏四季都发财，五咏五子要登科，六咏紫袍加官爵……”接下来是“撒马粮米”。阴阳先生面向孝子孝孙站立，并将事先备好的米撒向他们，口中念：“一撒东，子孙后代住蟾宫；二撒南，荣华富贵万万年；三撒西，子孙万代穿紫衣；四撒北，锦袍玉带朝金阙；五撒中，凶神恶煞上天宫。日吉时良，佳城龙眠。吉人葬此，富贵绵绵。”孝子孝孙们则牵起后衣下摆跪接马粮米。坊间传言，谁接到的米越多，日后的财运就越好。此项仪式结束后，人们拿起铁锹为灵柩浇盖掩土。垒好老人的坟墓，长子捧着神主牌，一路伴着哀乐回到家中，将神主牌放于神龛之上，朝夕供奉。

传统的丧葬礼仪面临现代观念的冲击，尤其是对人的死亡的重新理解，促使丧葬礼仪渐渐简化，以往的烦琐礼俗有些已经被时代摒弃。现代系列殡葬改革政策与措施的实施，也让人们在文明祭奠的氛围中，表达对死者的尊重。通过丧葬仪式，人们对生命的意义有了新的感知，对生命的价值有了新的感悟，对于生命则会更加敬畏与珍惜。

第四部分

同商共贾

城乡集市通过贸易，在更广的范围内建立起本地与外地的商业纽带，从而满足了不同地域民众的生产生活需求。不仅如此，集市也为人们提供了一个理想的社交平台，使大家能够相互往来、相互交流、增进感情。

集市的繁荣，带动了服务业的发展，人们的交往交流，也从买卖场所发展到生活休闲场所。旧时，北碚是嘉陵江下游重要的码头场镇和水陆交通要道，码头经济繁荣。北碚的码头集市人来人往，码头集市的茶馆，就成为人们谈生意，进行各种信息交流之地，也是解决矛盾、纠纷与冲突的场所，其间充斥着各方势力的角逐。

在这里，熟人相见，拱手寒暄；生人相遇，点头致意。摆龙门阵是茶客共同的爱好，话题海阔天空，家庭琐事、国家大事、生意场上的事……无所不包。茶馆里的闲聊是人们日常生活的调味品，是连接四方来客的情感纽带。

如今，北碚的集市、茶馆生意兴旺依旧，见证着新时代人们的美好生活。

北碚商贸

市场在古时被称为“市井”，是古代商品交易的重要场所，不仅满足着人们的生活需求，还承载着普罗大众的喜怒哀乐。北碚市场历史悠久，从传统的农耕经济到现代市场的逐步成型，再至其不断完善，无论乡镇市场还是城区市场，都在历史发展过程中展示着自身独有的风采。

北碚市场的形成得益于多方面的条件。首先，北碚的骨干河流嘉陵江穿城而过，在北碚境内有多条次级河流，水量充沛，为植物的生长提供了有利条件。北碚物产丰富，农作物有水稻、玉米、红苕、小麦等；经济作物有油菜、蚕桑、柑橘、茶叶、药材等。北碚栽桑养蚕始于1866年，据《北碚志稿》记载，至1907年时，北碚沿嘉陵江两岸，桑树已蔚然成林。北碚缙云山野生植物繁多，是盛产中药材之地，产出的中药材远销川西、川北以及其他地区。北碚矿产资源丰富，截至2023年，已发现的矿产资源有包括煤、天然气、煤层气等在内的23种，其中，对煤的开发利用较早（明末清初时，北碚后峰岩的民众就已在开采草皮炭），民国时期，除天府、宝源、三才生等煤矿外，还有不少小煤窑。北碚纺织工业亦有较长的历史。清末民初，北碚地区有一千多织户，手工生产土白布，这些土白布主要销往川北、川南、贵州、甘肃等地。抗战时期组建的大明纺织厂，以独特的配方和工艺生产的“大明蓝”布畅销西南地区。除此之外，北碚的化工业、竹藤器制造业、建筑材料业等也都取得了一定的发展成绩。这些都为北碚市场的形成奠定了良好的基础。

北碚水陆交通方便，为市场物资集散提供了有利条件。1926年，卢作孚兴办的民生实业公司第一艘汽船民生轮首航渝合线，其后，民生实业公司沿北碚嘉陵江小三峡两岸分设趸船。1927年，卢作孚开始在北碚开展乡村建设运动，北碚的工业、农业、交通运输业、文化教育、卫生事业等日渐完善。1934年，北川铁路建成通车，1938年，青北公路建成，与成渝公路相连接，促进了北碚进出埠商品的流通，此后，北碚现代交通设施日趋完善。

总之，良好的自然条件、交通位置与逐渐完善的基础建设，让北碚集市在历史变迁中逐步形成了一定的规模，服务于八方居民。如今的北碚，交通路网四通八达，更为集市的繁盛提供了便利。

（一）城区市场

从市场分布来看，北碚城区有5个主要市场。朝阳农贸市场是全区最大的综合性农贸市场，有蔬菜、肉类、水果、水产、禽蛋、花鸟、草药等专业市场和农副产品批发市场。碚峡路市场包括工业品摊区和农贸市场。文星湾市场、何家嘴市场，均以贩售蔬菜、水果等农副产品为主。天生桥市场下设集市点种类繁多，含大菜市农贸市场、胜利路水果市场、工业品摊区市场、西南大学后门农贸集市点等。

⊙北碚城区的朝阳农贸市场

从商品来源来看，除本地所产外，外地商品主要通过陆路与水路从重庆市区、合川区等处运来，再由商贩运到北碚辖区内的各乡场。市场商贩的经营特点是采购与运销相结合，对北碚市场经济的繁荣发展起到了很大的促进作用。

（二）乡镇集市

⊙北碚乡镇集市 马冀渝/摄

北碚乡镇集市很多，在众多乡镇集市中，最为典型的是静观的集市。据清乾隆《巴县志》记载，静观是当时礼里所属九个场镇之一，“离城百二十里”。民国时期，静观已建设成四通八达的场镇。静观场镇工商户多为前店后院，大工商户后院纵深，大于门面数倍，有住宅、库房、作坊、花坛。门面多是可装拆的木门，一般装饰朴素，门窗涂漆的较少。个别大商店门口有青狮白象雕塑。

那时静观镇内有八大市集点，草鞋市场、肉市场均设在横街，煤炭市场设在盐码头，猪市场设在上场猪市堡，鸡鸭蛋市场设于武庙后坝，米市场设于武庙前部，杂粮市场设在灵官庙，杂货市场设于场坝子。每逢场期，各市场交易均极为活跃，种猪、草鞋尤受外乡客商青睐。一到赶场日，街巷变得熙熙攘攘，人声嘈杂，场镇顿时成了一个繁忙的商业中心。这种定期集市，每三到四天一次，秋收后是旺季，场上人山人海，推挤喧嚷，给静观带来了蓬勃的活力。

静观场自20世纪40年代后已具有各类厂坊。其中以辛吉中、辛发友父子，王炳林，费益泰三家开设的厂坊最为著名。"辛家锅厂"所铸的各型锅、铧很受欢迎，远销外地。静观街镇曾分布有诸多的商贸店铺，从店铺到作坊，从作坊到工厂，展现了农村场镇经济形态的演化。

相比静观集市的井然有序，同兴集市是零散、热闹而不失条理的。

同兴老街背靠中梁山，临江靠水，集市因水码头而兴盛。20世纪60年代，同兴商业开始逐步发展，初期有两家商店开业，一家是国营供销社，经营百货、日杂、副食、化肥等，另一家是公私合营商店，经营餐饮、住宿、小百货、理发、煤炭等门市。除这两家商店外，后来还有一家国营粮食公司的粮店，一家国营食品公司的肉店。这些门市、商店是那个年代同兴老街上常年营业的店铺。

同兴老街至今仍保持着逢一、四、七赶场的传统。来自中梁山的农民担着山里的特产洋芋、萝卜等来赶场，近邻的蔡家、井口，江对岸的礼嘉等地的农民则担着杂粮米谷来赶场。更多的来赶场的是附近的农家，他们带着鸡、鸭、鹅、蛋、蔬菜、水果、鱼虾来集市售卖。集市上还有卖米花糖、豆腐脑、茶叶蛋的，他们挑着担在街上游走售卖，边走边喊，增添了集市的热闹气氛。同兴的米花糖很有名，是用阴米手工制作而成，美味可口，甜而不腻。

沿街而下，便可看见“半边楼”的招牌。那是一栋很大的吊脚楼，是一家私房菜馆。它的对面是一家京果铺，卖各式点心糖果，有花生米、核桃仁、明果、芝麻块、寸金糖等，还有芝麻杆糖、四饼、灯草糕……式样繁多。

从京果铺下几步石梯便是下坊街。这条街的营生可谓是五花八门，包罗万象。有专卖纳好的鞋底的，有卖成品布鞋的，有卖针、线、扣子、鸡肠带（裤腰带）等小商品的，还有卖草鞋、麻鞋，香烛、纸钱、草纸，面条、汤圆、藕粉的商店，此外还有理发店、裁缝店、烟酒店、火把店……街尾临江的茶馆，整日里茶客满座，热闹非凡。其对面是一栋三层高的大瓦房，门上有“德胜栈”的醒目招牌，挂着灯笼，写着“未晚先投宿，鸡鸣早看天”的对联，可知这是一家客栈。

客栈外建有一条通往嘉陵江边的石梯坎，往下约走二百米，就是渡口，当地人也称其为码头。旧时，码头有过河船送客人过江，还停有运送货物的大木船。岸边河滩的空旷处因季节不同，有柑橘、甘蔗、煤炭、木材、猪羊、烧酒等货物出售，买卖双方讨价还价，很是热闹。

如今的同兴老街商品琳琅满目，集市依旧热闹，古老的建筑却有几分落寞的意味，面对现代超市、新楼林立，似乎在慨叹老街岁月的流逝。

（三）北碚花市

北碚城南近高速公路入口处有一个花市。花市虽在公路边，但各花店店主在这里修园种花，里面竟是绿植成荫，繁花似锦，别有一片幽静的天地。

⊙俯瞰北碚花市，像一朵盛开的花 蔡滨/摄

最初，北碚的花市是设在嘉陵江边正码头的街上，以街为市。一到周日，有从静观、柳荫、水土等地而来的人在此摆摊，梅花、菊花、山茶花、罗汉松、海棠、兰草、石榴、栀子、月季……摆满了街沿。端午节时，还有大批草药摊挤进花木摊，其阵势甚至超过花木摊，而药香也盖过了花香。

为了打造北碚景观，丰富人民的生活，2000年后，花市搬迁到场地更大的城南。城南的花市其实并不只卖花，说它是集市似更恰当。这个集市上有卖花的，也有卖虫鱼鸟兽、瓷器、药材的，每逢周日，还有蔬菜、玩具、服装、饰品等卖，不论买不买花，北碚人都喜欢上这儿来逛逛。

平日里，花市人不多，但逢周日赶场，一大早，花市就已经热闹非凡了。从入口处道路的斜上方望去，假山嶙峋，颇具湖石韵味，假山上设着玲珑小亭，几丛绿植植于其上，似一幅中国传统的山水图。

再往里走，花市的道路略有些狭窄，却也能容五六人并排通过。道路两边皆是店铺，有专卖盆景的，在店门前放一个六七层高的铁架子，铁架子上的盆栽青翠欲滴，绿意盈盈，令人赏心悦目。也有专卖假山等花园装饰品的，其店室内多阴凉。花市最大的假山前有一碧池，常围着一群来赶集的娃娃，娃娃们将在集市上买的鱼饵投到池中，引来一群群红鲤。看鲤鱼争食、红莲摇曳、孩子欢闹的场景，不禁让人感受到人间的美好。还有专卖石斛的，店主把店面打造得古朴而有文人气质，木墙上、台几上，放着一盆盆石斛盆景，秀美清雅，见之令人忘俗。

花市的深处，一家铺面外面绿树掩映，似乎没什么特别之处，可一进门便发现别有洞天。原来，店铺的后面是一个精巧的花园，假山危耸，流水潺湲，红花层叠，碧果累累，锦鲤悠游，翠鸟婉转，一石一缸、一盆一景，古意盎然。店主在葱茏的绿意中辟出了两三条石子小径，小径通往树荫下的漆木亭子。亭子不大，正中放了张树根盘成的桌子，有几个人在亭中饮茶闲话。再往里走，就是花园的围墙处了，靠墙做了壁台，上面摆满了花器，颜色、形状、大小不一，或简单随性，或拙朴自然，或典雅端庄，或素洁优雅。单是观器，已觉美不胜收，若配得三两枝鲜花，那又该是怎样一道风景呢？

结束了一周忙碌的工作或学习，从为生计、为梦想奔忙中抽身出来，徜徉花市，赴一个与花的约会，这不是逃遁，而是向另一种生活的奔赴。手捧鲜花娇绿而归，寻常的日子顿时添了新气象，小爱怜也有了大意境。

北碚茶馆

北碚的茶馆就是一个缩小版的社会，各个阶级、各色人等，都在此地出入。正如黄裳先生在其《茶馆》一文中所言："在茶馆里可以找到社会上各色人物。警察与挑夫同座，而隔壁则是西服革履的朋友。大学生借这里做自修室，生意人借这儿做交易所，真是，其为用也，不亦大乎！"在现代生活中，茶馆依然陪伴着北碚人民，见证着一代又一代人的辛酸与幸福。

川渝地区的茶馆有着明显的标识，有人说，大街小巷你总能找到各种各样的茶馆，大小有异，装修不一，唯一相同的是那见缝插针摆得满满当当的藤条扶手椅，但凡是这样的椅子能摆一溜，再来个大爷躺在屋檐下，那么其必定是茶馆无疑。

⊙北碚的茶馆(一) 马冀渝/摄

⊙北碚的茶馆(二) 马冀渝/摄

旧时，北碚的茶馆不如其他地方那么集中，可依傍嘉陵江边的吊脚楼茶馆却是自具特点，一般是木板墙房子，用竹篾笆夹成大小两间，小的是卧房，大的设作茶馆。茶馆里，几张柏木方桌分两排摆开。炉灶沏在街沿边，灶头上一口鼎锅、两把长嘴铁壶随时都冒着白色的蒸汽。为使茶客不必因没有茶友摆龙门阵而寂寞，临江一侧的每扇木窗都用竹棍儿撑开，茶客可凭窗俯瞰嘉陵江的绮丽风光。

民国初年，北碚人陈志林在亲朋好友的资助下，将自己的一间平房，稍加修整后，开作了茶馆。他的无名茶馆既通风又明亮，干净整洁。堂中设方桌长凳，两边安靠背椅和茶几。茶具是盖碗，供应龙井茶、沱茶、香片（花茶）、菊花四种茶水和玻璃（白开水）。掌柜陈志林自己兼堂倌，他接待茶客热情周到，茶客都愿意来此品茶小憩。开业没几天，陈志林就悬赏征联，他出的上联是："黄葛树上挂牛角，尖嘴吹。"里面含有黄葛树、牛角庙、尖嘴等北碚黄葛镇一带的地名。几天之后，一位茶客对出了下联："缙云寺下摆马鞍，状元骑。"缙云寺、马鞍山、状元碑，是北碚的几处小地名。对联不怎么高明，但提高了茶馆的知名度，招来了顾客。无论是大商贾还是小商贩，陈志林都十分尊重，平等看待。与此同时，冯洪池开办了乐天茶馆。乐天茶馆是茶馆、旅馆一起经营，就连厕所也修在屋内。牛尚书经营了缘园茶馆，分楼上楼下，内设客座、雅座和堂座，其茶叶种类、茶具产地和桌凳式样都比较讲究，尽量让茶客感到舒适、惬意。

继后，有刘园成开设的福兴茶馆、穆群开设的泰山茶馆、张祥云开设的西南茶社、熊作彬开设的长江茶馆、王全民开设的全福茶馆、陈云华开设的望江茶馆、赵美伍开设的赵美伍茶馆、李云乔开设的庆丰茶馆……这些茶馆以各自的经营特色，人缘人脉，分布于北碚的街头巷尾，难怪有人评价道，过去的"北碚有两多：庙子多，茶馆多"。

北碚的茶馆还起到了调解民事纠纷的作用，也因此被赠以"公事茶馆"的称号。这种茶馆的老板或常客，一般都是北碚的知名人士或德高望重的老前辈。他们常被邀请来主持"公道"。民众之间发生了纠纷，在彼此争执不下之际，常由自认为受了委屈的一方送出帖子，请对方来喝茶评理。帖子的写法很讲究又有分寸。如下图所示：

> 兹订于x年x月x日杯茗候
> 叙（或"候驾"，或"候教"）
>
> ×××鞠躬
>
> 地址：×××茶社

杯茗者，一杯清茶也。"候驾"者，是敬请光临，参加评理座谈的意思。受到这样邀请的人，在茶会上有建议、提供证词、批驳等义务。"候教"则是请来裁决断理的权威人士，也就是这次茶会评理的主持人。“候叙”的帖子，只能送交纠纷当事人的对手方，意思是请对方说出自己的道理，以便当众评说，了结纠纷。最后由输理的一方总付茶钱。

请喝茶、送请帖本身就体现了一种化解纠纷的善意。因此，凡经过请茶评理的纠纷事件，大多数能收到大事化小，小事化了的结果。茶馆客观上起到了解决人与人之间的矛盾、增进社会安宁的作用。

旧时，在茶馆经济的推动下，产生了与“茶”相关的生计，如茶炊、水烟客。茶炊的从业者，既是装饰门庭的能工巧匠，又是专门的侍候人员。旧社会富贵人家如遇生期、喜酒，都要请茶炊来装饰门庭。装饰项目一般是布置礼堂：堂中央摆设礼桌，桌边围以红缎桌围；两边摆设茶座，座上铺以红色椅褡；堂前正中高挂八仙彩绣横幅；堂后部正中陈设“桃园三结义”之类的瓷塑。另外，茶炊还要布置用以招待贵客的客厅，厅内照样摆设茶几、茶座。总之，茶炊要帮人把门面装饰一新，使其显得阔气非凡。其所用陈设如桌围、椅褡之类，都是茶饮行业必备之品。

除陈设布置外，茶炊的另一重要任务是代替主人侍候宾客，给客人端茶递烟。茶炊之所以得名，是因为茶炊老板备有一把专用于烧开水名为“茶炊”的大壶。一个茶炊班子中，有一人专司烧开水、泡茶。茶炊老板必须会说待客的套话，比如在结婚喜酒开宴时，由他带领新郎来到席前，然后高声呼喊："承蒙亲友厚爱，光临主人寒舍，招待不周，请多饮杯喜酒。主人新郎进揖了！"随后，新郎作一个揖，表示对客人的感谢。如果是大型喜庆，茶炊头天即来，第三天才去。白天侍候烟茶，晚上明灯点蜡，忙忙碌碌，要搞三天三夜。

与茶炊相似的特殊行业还有水烟客。做这一行的是下层民众，凡是逢场天，茶房、酒店、赌场和闹市区处处都有他们的足迹。

一些大富人家如有寿诞、婚嫁之事，需要大摆宴席之时，要请水烟客来为客人送烟点火。水烟客的主要谋生工具是一只吸烟管和一个水烟袋，另有一口袋挂在腰间，内盛大把纸捻和烟丝。水烟客走进茶房、酒店后，站立桌旁，将烟管在座客肩上碰一下，表示"请你吸烟"。如遇座位较远的，水烟客就在吸烟管上接上一支长一尺有余的小烟管。待一桌座客愿吸者都吸过烟之后，只要有一人给他点小钱，他便离去。如果无人给钱，他也不强要，反正后会有期。

这种行业本小利微，所以水烟客每天都要出门赶场。静观场的水烟客是三、六、九赶本场，二、五、八赶复兴场，一、四、七赶高家庙（三圣庙）场。为了糊口，风雨无阻。当时在水烟客中流传着这样一句民谣："两脚忙忙走，只为家和口。"真实地反映了水烟客的生活苦况。

北碚码头

北碚的码头众多，限于本书篇幅，无法一一道来，故只择其中的水土码头作为代表，介绍一二。

⊙20世纪30年代的北碚码头

（一）水土码头的历史

清乾隆中期，水土场镇渐兴，逐渐取代了昔日繁华的亭溪镇。到了清末，水土已有犀基（也称沱沟）、江家沱、滴水岩、正码头以及十字口等几个码头，其中，仅有正码头是在实际运行。正码头位于水土镇嘉陵江边，是当时嘉陵江航线的交通枢纽之一。清咸丰六年（1856），此处初具码头雏形时，便有商船、官船停靠在此。20世纪30年代，民生公司的小客轮在此停泊，上下旅客和物资，独具优势的地理位置造就了水土码头的繁华兴旺。

从民国时期至新中国成立初，水土码头渐渐成为附近各乡镇的水陆运输接合部和江北县的物资集散地。长期有趸商在船上出售粮食、水果、蔬菜，如大米、高粱，柑橘，萝卜、白菜，等等。民国三十年（1941），每日常有20多只商船停靠在此，逢赶场日更多。有生意头脑的人便抓住这个机会，从外地购回工业品在此地做起批发的买卖，也有人下到乡村收购农副产品，再集运到重庆城区销售。

（二）旧时码头景象

嘉陵江赐予了水土码头极佳的行船条件，木帆船是当地最常见的水上运输工具。受造船技术的限制，各家商船的结构都较为简单，大致相同，但有载重量大小的区别。小的只能装几吨货物，大的可装货物上百吨。顺水航行，一只木船可载7吨货物，逆水行船却只能载货1.5

吨。此外，为方便老百姓赶场，还有专门的赶场船和作“揽载”之用的赶场运输船，既可载客也可装货，上至北碚，下至重庆各码头。揽载船因要载运货物，所以大于普通的客船，船主及跟船家属住在后舱的窄屋里，中舱空间大，用于装货，前舱下层也用于装载货物，船工一般在船的上层工作劳动。揽载船也会接收顺路的长途旅客，不仅收费低，而且提供简单的伙食。船上有一些习俗，如装舱完毕后，老板要割肉、杀公鸡在船头上祭祀，求菩萨保佑平安。祭祀以后以酒肉招待船工。卸货后，老板还要用酒肉招待一次船工，称为吃“空舱肉”。船上忌说“翻、倒、到”，把倒水说成“倾水”，把到码头说成“拢码头”，把翻说成“掀”。

错落有致、排序整齐的木帆船停靠在水土镇正码头，正码头是水土镇六个码头和北碚沿江码头之中最大也最繁华之处，范围上至花生石坝，下至桌子角，主要包括正街、市街和杨柳街临江的一段。街道为高低不一的石梯坎儿，一直延伸到江边的沙坝。街道两边的商铺鳞次栉比，大小旅店比比皆是，名为“嘉陵”“永年”“向阳”的旅馆宽大而舒适，设施齐全，服务周到。小型旅馆则条件简陋，价格较为实惠。流动的小商贩、挑夫、抬滑竿儿的脚夫等人是这里的常客。

沿街的茶坊、酒店中顾客络绎不绝，生意兴隆。有名的大餐厅要数当时的宏图饭庄，这里的菜肴味道有口皆碑，有“坛子肉”等特色菜。小店只卖花生、蚕豆、麻花、盐皮蛋拌酒。

码头上自然也少不了茶馆的身影。“大众”“七八九”“忱江”等茶馆是街上较为有名的大茶馆，规模从十几张到数十张桌子不等。人们既可以在这里休闲聊天，也可以在这里谈生意、做交易。

河边沙坝有一条顺江沙街，街面不宽，有少许铺面，多是由木头和竹竿搭建而成的简陋小店，经营日杂、小吃和各式汤锅。此外还有卖水果、蔬菜和窑货（陶器）的。沙街末端设有简易的栈房，供船工家属上岸住宿，栈房门前挂有红灯笼、檐灯，上面书有“未晚先投宿，鸡鸣早看天”“迎八方来客，送四季平安”等联语。

当年的米市坝在码头上无人不知，它位于灵官楼的下面，逢场便有粮食买卖。这里聚集了许多外地的特色产品，多以摆摊搭棚出售。众多特产中，以潘鸭子为佼佼者，其卤鸭独具风味，色泽油黄、香气扑鼻，是男人们饮酒的必备菜肴。

时过晌午，江边的码头渐渐热闹起来，招呼声、叫卖声此起彼伏。岸边陆续有船只停泊，船工们下船休息，到街上购物。街上煮着猪杂汤、牛杂汤的锅热气腾腾，流动小贩们头顶蒸笼，吆喝着贩卖糯米丸子、泡粑、豆腐、魔芋……各种小吃香气扑鼻。船工吃饱喝足之后，还可找些娱乐活动放松一下。逢场时，要打荷叶、打金钱板、打花鼓等民间艺人的表演吸引了不少观众。孩子们则最喜欢看“西洋镜”和背裆戏。木偶戏、皮影戏、猴戏也时有演出，码头上的人们总是看得津津有味。

至夜晚降临，码头又是一番新景象。靠岸的数十只大小木船船头紧接船尾，连成一片，因此有的船工上岸时必须经过别人的船。这些船只既有本地的趸商船、揽载船、过河船、打鱼船，也有上河（北碚码头以上）的小木船及天府煤矿装运煤的大木船。每只船都挂放着照明用的亮油灯、马灯、美孚灯和油烛。在江水的映照下，岸边灯火通明。天黑后，船上开始生火煮饭，各家船上冒出缕缕炊烟。辛苦了一天的船工，邀约着逛街、喝茶、饮酒、听书、看戏，各取所好。商铺、茶楼、酒店灯火辉煌，顾客满堂，俨然有比白天更热闹的气象。

在众多夜间活动中，看戏是人们最为喜爱的一种。新中国成立前，水土码头主要有三个戏楼，分别是王爷庙、禹王庙及灵官楼。经常有外地戏班（川剧团）来各大戏楼演出。逢年过节时，各大帮会请来戏班子表演助兴；镇上头面人物办喜事，人们也可借此机会免费看戏。二更后，剧场演出结束，观众陆续离场。很多人都要在米市坝吃过夜宵后才回家歇息。船工陆续回船，码头渐渐归于寂静。隐约间，有栈房服务员的吆喝声传出：“楼上楼下的客，听我幺师（服务员）办交接，门要关紧灯要灭……”睡意蒙眬的人在打更的锣声中进入梦乡，更夫不紧不慢地吆喝:“月黑头,清醒些,谨防贼娃子(小偷)!”

随着吆喝声渐远,码头平常的一日在夜色中落幕。静静的码头,陪着人们入眠,又开始孕育新一天的生活。日出日落、时日变迁,人们的生活日复一日,码头的守望依旧——仿佛这就是永恒。

(三)号子悠扬

船工既是辛勤的劳动者,也是江上的“艺术家”。旧时,寂静的清晨或傍晚,码头上时常能听见响亮浑厚的船工号子。船从观音峡行至烂泥湾,当传入耳中的声音越来越清晰,人们就知道码头上又要进入热闹的时光了。《嘉陵江过滩号子》和《船歌》是人们耳熟能详的,即使不是船工,也能喊上几声:“山又高来路又窄,鞋尖脚小走不得,背时幺妹莫犟性,崴断金莲要流血……”

还有一种号子的唱词十分有趣,它是由常年行船的船工们将自己在各大码头的见闻编成的。行船时,船工一边拉纤绳一边高声唱道:“说江湖来道江湖,哪州哪县我不熟。四川历来称天府,山货药材广产出。猪鬃桐油运海外,生漆盐巴销全国。成都锦缎男人做,挑花绣凤手艺熟。内江白糖蜜饯好,宜宾糟蛋尖庄曲。峨眉黄连实在苦,配方熬药把病除。嘉定大绸滑又亮,穿起周身凉呼呼。荣隆二昌出麻布,永川豆豉如宝珠。泸州大曲香得远,雨伞随身走长途。南溪猪肝五香卤,纳溪泡糖落口酥。江安筷子楠竹做，雕花笔筒现人物。洪雅白蜡如银树，合江荔枝夏天熟。江津白酒米花糖，广柑解渴好舒服。小磨麻油算夔府，忠县回味豆腐乳。通江银耳最滋补，清水醪糟产大竹。南充被面最光亮，喜鹊闹梅龙戏珠。合川桃片保宁醋，三峡西瓜胖嘟嘟。北碚豆花河水煮，渝北酒香产土沱。磁器口焦盐花生脆，毛血旺滚烫辣乎乎。好耍不过重庆府，卖不出的都卖得出。伙计们加油把劲鼓，划拢重庆好听书。豆干下酒谈今古，三更上船早歇宿。明天鸡叫要赶路，老婆儿子望回屋。”

⊙嘉陵江上的纤夫

船工们大都是年轻力壮、粗犷野性的汉子，凭借体力挣钱养家。按旧俗，每逢农历初二、十六才吃肉，即他们所说的打牙祭。船工们的工资微薄，不仅工作强度大，还要担受行船在外的风险。哪怕是寒冬腊月，都是赤膊操作，满身热汗；伏暑炎天，烈日似火，皮肤晒得黝黑，汗如雨下。所以他们在号子中喊道："手爬石头脚蹬沙，为儿为女把船拉。脸朝黄土背朝天，赤脚光膀心发酸。前世不该去作孽，今生前来拉藤纤。从今以后多行善，儿子儿孙享太平。"号子都由一个人（船头）领唱，曲调高亢激越，一领众和，极具感染力，体现了船工们面对苦难不屈不挠的抗争精神和粗犷豪迈中不失幽默的性格特征。

（四）码头节庆

生活不仅有平常的日子，也有热闹的节日。每逢这些日子，码头就会另有一番气象。大自然的偏爱使水土镇拥有上佳的水运条件，不仅成为远近闻名的商业码头，也成为赛龙舟的重要场所。旧时，水土码头一年一度的龙舟盛会定于农历五月初五举行，届时，周边各赛区龙舟汇集于此，吸引了很多民众前来观看。

要在龙舟会上一举夺魁，一条好的龙舟至关重要。龙舟与普通船只一样，都是木船，但又不同于商船、客船。段明、胡天成主编的《川江号子》中讲述了龙舟的制作方法："船体成鱼鳅背，梭子型（形）。主要材料用杉木、桐油、石灰、竹瓤、钉锔等构成。长 15 至 17 米，中部最宽 2 米，深度 0.5 米。纵向底部的龙筋，多用大船的桅杆，从头至尾有一道道隔堵，横向有 14 至 16 道隔堵，形成对称船舱，在中部还有长2米、宽0.7米的甲板。船体制成后，用泡沙石擦磨光滑，涂上桐油防腐，抹上鸡蛋清，使其润滑，再用纤藤围绕四圈缠紧加固。”龙头、龙尾由硬杂木精心雕刻而成，施以彩绘，显得栩栩如生，颇具灵气。

龙舟开赛之前需要做一些准备工作。农历四月初八，是举行“药王会”的日子，此时便要开始筹划龙舟会的大小事宜。农历五月初一，各乡镇的龙舟代表队齐聚一堂，先朝庙拜王爷菩萨（镇江王爷），祈求菩萨保佑此次赛事顺利举行。随后，寺庙里的住持带领众多僧人来到江边举行接龙仪式，献上备好的茶点。僧人们跟随住持游街拜码头，岸上人家鞭炮齐鸣，并献出红绸、美酒等以示欢迎。“菜头”在众人的注视下向江中投放酒食，以表祭奠。接下来，人们便耐心等待着龙舟盛会的到来。

农历五月初五，码头上盛况空前，人潮涌动。白庙子、悦来、三圣等地的男女老少都赶来观看赛龙舟。女人们打扮得花枝招展，与闺中好友相约水土码头。大人将孩子胖乎乎的小手紧紧攥在掌心。赛龙舟快开始时，观众的热情已被点燃，他们不停地高喊着自己支持的代表队的名字。在主持人的引导下，各代表队的船只聚集在岸边，有条不紊地做着赛前准备。拜祭龙王爷的仪式结束后，主持人催促龙舟选手快速归位，比赛即将拉开帷幕。各代表队的选手都是身强力壮的年轻小伙儿。看着他们黝黑发亮的臂膀便可想而知，龙舟比赛的训练是艰苦的，而每一位成员都是全力以赴，志在夺冠的。他们全神贯注，屏息以待比赛开始的信号。在主持人的提醒下，岸边观众按捺住自己的激动兴奋，不再高声喧哗。一时四下寂静，只听主持人一声令下，参赛选手们便以迅雷不及掩耳之势划动手中的桡。“嘿、嘿、嘿……”选手们喊着有节奏的号子，奋力冲向终点。观众们在岸边声嘶力竭地为他们加油助威，若是看见自己乡镇的代表队落后于其他队，便更加卖力地呼喊。此番情景不仅让人联想到诗人刘禹锡的《竞渡曲》：“杨桴击节雷阗阗，乱流齐进声轰然。蛟龙得雨鬐鬣动，螮蝀饮河形影联。”

“抢鸭子”是赛龙舟盛会上的另一场重头戏。载着数十只鸭子的小船缓缓划至江心后，小船上的人便将鸭子放入水中。随后，大家争先恐后地划动龙舟追赶鸭子。机灵的小鸭子们总是躲过一劫又一劫，它们时而将身子探出江面观察“敌情”，时而隐身江面之下。屡次扑空的龙舟选手们燃起了更加昂扬的斗志，不时变换龙舟的方向捕获“猎物”。江面上的“人鸭大战”引来岸上人们一阵阵的欢呼。

无论是紧张激烈的龙舟比赛，还是轻松有趣的“抢鸭大战”，龙舟健儿们全力以赴。为了犒劳各位水中健儿，岸边早已备好了美酒佳肴。龙舟比赛结束后，人们将龙头、龙尾供奉于庙内，来年开光后方可再次启用。

（五）水边的行当

旧时水边的行当，是应在码头来往的人们所需而产生的。挑夫在码头上等着帮靠岸的船卸载货物，剃头匠在各自的铺面，为来来往往的顾客理发刮须……

（1）挑夫。

挑夫是旧时的一项劳动职业，今已极其少见。不过，巴渝地区仍可见到具有地方特色的“棒棒”。过去，挑夫的从业者多是穷苦农民，又主要分为挑煤苦力和挑货劳力，他们长年在煤矿和码头揽活。

北碚复兴地区的龙王洞、石牛沟等处的煤矿相继开采后，煤矿运输的需求大大增加。20世纪40年代，由于缺乏运煤的机械动力设施，开采出来的煤炭全由人力挑至嘉陵江边的水土沱或狮子口码头，然后装木船运至重庆。矿区的煤产量逐年增加，运力本应当出现紧俏的情况，但实际情况恰恰相反，由于那一时期农村经济趋于破产，出来当挑夫的贫苦农民愈来愈多，导致运煤力资不断下跌。当时这里的挑煤大军到底有多少人呢？有资料显示，在铁路未通以前，参与挑煤的人数在1000人以上。这支挑煤大军每日天亮前就赶到矿山或罗坝场中转站将煤装好，待发运开始，就依先后次序过秤，领运票，随即踏上征途。这支挑煤大军在双龙桥分成两部分，大部分经由长沟、东岳庙至狮子口，少部分经由复兴场街上，过龙门桥去水土沱。此外，西山（文星场一带）也有挑煤大军。在北川铁路未修成前，文星场后峰岩一带所产煤，亦由人挑至嘉陵江边的黄葛树或干洞子装船外运。这支大军中的多数人来自当地山区，还有的来自合川、复兴、静观等地。

挑煤人的生活是十分艰辛的。每日上工，往返少则三四十公里，多则四五十公里。他们一般中途不吃东西，把煤运至目的地后，再赶到水土沱买米。那时水土沱有米船运来的米，名叫“河米”，“河米”水分重，出饭率低，但价钱实惠，所以这些挑煤的挑夫仍愿意购买。买到米后，他们便急急忙忙往回走，因为家里的人还在等米下锅。他们之中的若干人原打算依靠挑煤攒点儿钱，以求能有更多的押银，这样就可以多佃耕一些田土并添置农具，但随着岁月流逝，希望落空，以至竟成了扁担不可离身的苦力。因此，有的人由于生活所迫，有时会将所挑之煤偷偷拿去卖（挑跑炭），但往往会受到严厉的惩罚。

除挑煤的挑夫外，还有挑生活物资的挑夫。由于受交通与时势影响，商家多取道陆路，而陆路运输必经复兴场。路线总共分两条：一为江合古道，经由重庆、复兴、静观等处到合川；一为江邻西路，经由重庆、复兴（或两口）、三圣、偏岩等处到邻水。挑生活物资的挑夫俗称伕子，多系川东北的农民，冬季农闲时，出来当挑夫，可以挣点过年钱。他们受雇于当地运输行栈；受雇时须求人作保，保证所运货物不会丢失或被偷。由于农闲时劳力充裕，行栈便压低酬金，因此挑夫收入甚微。为了节省路上的餐食费用，挑夫之中有不少人随身携带一口铁皮小锅，到达投宿站口时，便在市街外拾点柴火，用几块石头将小锅架起，自行煮饭充饥。

挑夫有其独特的挑运货物的方式。其所用扁担有讲究，须软硬适度，打磨光滑，两头微翘。挑货时肩上放一肩枕，扁担搁置其上，挑夫们还随身带有一木制或竹制的打杵供换肩之用。换肩时让担子后头着地，前头用打杵撑住。然后自一肩取下肩枕置于另一肩上。货物担子一般不会过重，挑夫们又有肩枕和打杵保护肩头皮肉，故能经得住长途挑运。挑夫们总是清早自重庆朝天门码头出发，傍晚到达复兴场，行程约四十五公里。走江邻西路者，有的止宿于两口(行程较短，只有四十公里)，第二天早晨由此分路抄捷径，可减少些许路程。但不少仍止宿于复兴场，多半是因为两口客满或有其他不便。因此，复兴场有好几家大客栈。每日傍晚，挑夫来到时，客栈幺师便站在店前大声吆喝："这里歇(宿)，这里歇(宿)！铺盖干净，饭菜便宜！"有趣的是，为了招揽生意，客栈多将"冒儿头"(米饭盛得冒出碗沿)置于店前摊子上，以示本店所售之饭分量很足。

新中国成立以后，北碚建设起了四通八达的公路，为长途货运提供了便利。即使是短途运输，人们亦不愿双肩受苦了。于是，挑夫这一行业也就慢慢地退出了历史舞台。

(2)乡村剃头匠。[1]

人总是要理发的。一个人一辈子理发修容的次数,可谓是难以计数。剃刀、剪子都很锋利,因此剃头匠在理发、剃须、修面时,都必须刀法熟练、精细、稳重,要根据不同的部位采用不同的刀法。可见,看似简单的理发修容之中,却有不少技艺与讲究。

旧时,北碚的大小码头随处可见剃头铺。铺内大多陈设简陋:两把剃刀,一把剪子,一个耳筒,几片洗发用的皂角,两条高矮凳,一条围裙,一张板角巾的洗脸帕,一个木盆,一口小鼎锅烧水。有的开设店铺,有的坐落街头,有的穿街走巷,门庭冷落时,难以糊口。过去的发型设计不多,女性较少理发,时有光顾也只要求剪一头利落的短发。男人则大都是以剃光头为主。

根据年龄情况,有时剃头匠也会剃一些不同的发型。如幼儿和童年时期,部分小孩的前额头顶上留蓄一块顶心毛,叫锅巴铲头;留发稍微宽浅短的,叫学生头;有的年高者在头后枕部也留蓄一块巴掌大的长发,形如瓦片,称为鸭尾巴头;道家蓄的满发,称天宫篆头,只剃头的周围;和尚、尼姑剃光头,剃头时要分男左女右,给和尚剃头时先从左头角开始,给尼姑剃头从右头角开始。如果剃头匠技艺不高,方向搞错了,顾客是不会给钱的。尤其是一

① 本节内容主要参考自王正福口述,李济康整理《乡村剃头匠——旧社会被歧视的特殊行业》,原文载于《江北县文史资料 第五辑》。

些僧人、道士对理发要求相当严格，因而剃头匠得心中有尺规。

理发一般要经历理发、修面、清洗与看耳等流程。理发完毕后，有个别年高的人讲究，还要给他舒筋、捶背、扪腮、端颈、舒展筋骨。在舒筋过程中，弯腰捶背，互相配合，要上下左右依次拍打，拍打的节奏口诀是："一二三、三二一、一二三四五六七。"要反复轮流拍打多次。

旧时剃头铺的老板自己多是剃头匠，对学徒要求非常严格。初学者除打扫店堂外，首先要学会修理工具，磨剃头刀、修剪子。在练剃功时，右手抬平，手拿一把剃刀，只能用手腕部左右移摆，运力均匀，手臂不能随身摆动。学徒一般在早晚进行训练。有的老板要求更加严格，在训练基本功时，先装一碗冷水置放在徒弟练功的手腕上。如果徒弟手腕运动不当，水流出来，就要当场受体罚，挨"刀壳钻"、被罚跪。由此看来，剃头的技艺并不是那样简单。

剃头匠信奉罗祖，为了生意兴隆，对供奉的罗祖像朝夕焚香礼拜。有的剃头匠为了养家糊口，不得不外出找几个现钱过日子。给婴儿剃胎发，剃头匠在收费时一般会要双倍的价钱。当时在社会上流传着这样几句民谣："剃头匠，刮刮匠，生意不好吃哪样？上无依，下无靠，背时去学剃头匠。"由于职业低贱，因此这门行当受到歧视，被称为"下九流"。

在北碚一些偏远的乡间理发店，现在有时还能发现搭洗头帕子的竹竿——“竹棒棒”。关于这根竹棒棒的来历，还有一个传说。相传剃头铺搭洗头帕的竹竿，源于古代一个乞丐在剃头铺剃头后，忘记带走的讨口（乞讨）用的棒棒。这家剃头铺晚上收工关门时，发现了竹棒棒，就将两端用细绳套好，钉在木柱上，专门用来搭洗头帕子。后来，其他剃头铺都效仿其做法，用竹竿来搭洗头帕了。

如今，社会的服务行业越来越多，然而有时我们会觉得，生活失去了一些细节，如同生产流水线。对那些逐渐消失的行当、那些沉没于时间河流中的场所、那些消散的市井风味，除了缅怀追忆，我们还能做些什么呢？

第五部分

四时华章

“春雨惊春清谷天，夏满芒夏暑相连。秋处露秋寒霜降，冬雪雪冬小大寒。”这首二十四节气歌生动地体现了四季的变化。二十四节气是一套按照物候的变化凝练而成的时间知识体系，也是一套指导农事耕作的体系。它就像一个二维坐标，纵向上记录着一年四季的更迭，从春暖花开到烈日炎炎，从秋高气爽到白雪皑皑；横向上展示了农作物生长的规律，指导着农民一年的耕作。四季物候变化，让人感知自然的新陈代谢，体味生命的轮回，也遍尝世间冷暖，最终学会跟随自然的脚步，走向从容。在新与旧的交替中，节日发挥着调味品和润滑剂的作用，节日的存续，使人与人之间的情谊变得紧密、厚重与深沉。今天，岁时节日的习俗虽然已经与旧时有所不同，但是许多节日活动仍在流传，并且在新时代有了新的生命力。

春之篇

春天，百花齐放，北碚迎来了赏花的最佳时节。澄江镇铁厂沟的李花、五一村的樱花引人入胜，三圣镇三生三世桃花源、东阳街道西山坪的桃花美不胜收。高大的黄葛树、法国梧桐，新绿的柳树、桑树……都陶醉在这个明媚的季节里。嘉陵江畔，春光浮动，天地通透明亮，弥漫着尘世的香气。

（一）立春

立春时节，太阳到达黄经315度，万物起始更生。北碚区的入春时间较早，在立春的第二、三候[1]，胡豆花已在

① 我国古代在二十四节气之外，还有七十二候的说法，即将每个节气三等分，称为三候。立春三候：一候东风解冻，二候蛰虫始振，三候鱼陟负冰。

叶间张开了眼睛，油菜花也开始长出花蕾。

⊙胡豆花 吴祥鸿/摄

在这个时节，人们忙于田间除草、春播备耕，给小麦、油菜和马铃薯追肥等。

⊙春播备耕 马冀渝/摄

立春谚语：

立春落雨到清明，一日落雨一日晴。
立春打雷，十处猪栏九处空。
立春赶春气。
立春三日，百草发芽。
立春东风米价廉，立春西风米价贵。
立春天气晴，庄稼好收成。
腊月立春春水早，正月立春春水迟。
年逢双春雨水多，年逢双春好种田。

这些简练精辟的谚语，是人们从生活和生产经验中总结出来的，也影响着农民的日常生活和生产。

立春有许多有趣的习俗，下面介绍其中几种。

(1)糊春牛。

糊春牛的活动在立春前就要开始了。纸扎能手用竹篾绑成牛的骨架，用春木做成春牛腿，再糊上纸，涂上颜料，一头春牛就做好了。传说红黄色纸糊得多，当年就会五谷丰收；黑色纸糊得多，当年就会收成不好。所以糊春牛要多用红色黄色的纸。春牛糊好后，要举行开光点睛仪式，设立香案，顶礼朝拜。

(2)打春牛。

打春牛是一种古老的习俗，先是出现于中国古代官方的迎春仪式中,后来逐渐扩散到民间。旧时,北碚民间也有打春牛的习俗。人们在冬至节后辰日取土合成泥坯,雕成牛的大小和形状,上画四时八节、三百六十日十二时辰图纹。立春前一日,祭祀句芒神(古代主木之官,又称春神、木神),之后,由长者扶犁执鞭打"春牛",一边打"春牛"一边喊唱"一打风调雨顺,二打国泰民安,三打五谷丰登"等吉祥话语。

(3)迎春。

旧时人们迎春,要先选择一片风水好地搭"春棚"。春棚一般搭在便于集中人群的交通要道,四周插上彩旗。迎春的举办时间以历书为准,有时在当日辰时,有时在半夜子时。迎春活动的仪仗队伍声势浩大,抬着春官游行,颇为威风。游行队伍中还有报子、马弁等,他们穿着奇装异服,坐在由两个人抬的独木杠子上插诨逗趣,引人发笑。

(4)游春、报春。

迎春活动之后,游春活动开始。各村社的锣鼓队和仪仗队走在前边,四人或八人抬的巨大春牛塑像走在后边,锣鼓喧天,鞭炮齐鸣。游行的队伍浩浩荡荡,要游遍周围村庄,大街小巷。游春的队伍进入春场后,绕场游行两圈,然后各自列队于事先安排好的位置上,恭请贵宾入春棚安坐,举行报春仪式。报春台上,身着奇装异服的报子手执各色彩旗上场报春,一报"风调雨顺",二报"五谷丰登”，三报“国泰民安”，每一报后，群众均大声呼应，场面宏大。

（5）贴宜春字画。

贴宜春字画由来已久。南朝梁时宗懔所著《荆楚岁时记》就有记载，唐宋时，立春日在门上张贴宜春祝吉的字或画已很流行，这一习俗一直流传至今。宜春的字通常为“迎春”“春色宜人”“春光明媚”“春暖花开”等，画则通常为《蜡梅图》等。

（二）雨水

⊙雨水时节的北碚山乡 吴祥鸿/摄

雨水来临，在降水总量上，相较立春，北碚区平均降水量增加了三成；在气温上，日平均气温升高了2℃左右。雨水时节乍暖还寒，昼夜温差较大，更需要注意“春捂”。早春的雨水滋润着万物，此时正是万物生长的好时机，大片大片金灿灿的油菜花成了田间的主角。

⊙北碚乡间的油菜花 秦廷富/摄

雨水这一天的春雨珍贵，因此，人们要采取各种措施保持春雨不流失，正如农事歌所言：“雨水春雨贵如油，顶凌耙耘防墒流。多积肥料多打粮，精选良种夺丰收。”

雨水谚语：

雨水落雨三大碗，大河小河都要满。

雨水连绵是丰年，农民不用力耕田。

雨水日下雨，预兆成丰收。

春寒雨若泉，冬寒雨四散。

雨水不落，下秧无着。

雨水有雨庄稼好，大春小春一片宝。

（三）惊蛰

⊙惊蛰时节的北碚农村 吴立为/摄

惊蛰前后，气温回升迅速，雨水慢慢增多。这一时节，北碚区多数年份气温稳定在13℃以上，降雨从毛毛细雨转变为能渗透土地、湿透衣衫的小雨。“小楼一夜听春雨，深巷明朝卖杏花。”这个时节，杏花开了，仿佛一位豆蔻年华的少女。

⊙惊蛰时北碚农民进行玉米育苗 马冀渝/摄

开春的第一声雷鸣也在这个时候响起，唤醒万物，冬眠的蛇虫也苏醒过来，开始四处觅食。正是：

一声霹雳醒蛇虫，几阵潇潇染绿红。

九九江南风送暖，融融翠野启春耕。

这时，北碚农家开始收获冬种马铃薯，对早春马铃薯加强管理，进行中耕除草、培土，还要加强早茬水稻秧田的管理，红薯、玉米开始育苗。

惊蛰谚语：

惊蛰闻雷米似泥。

节到惊蛰，春水满地。

惊蛰春雷响，农夫闲转忙。

惊蛰雷雨大，谷米无高价。

惊蛰不动风，冷齐五月中。

每到惊蛰，人们还会用艾草熏家中四角，用药草的香味驱赶蛇虫蚁鼠，去除家中的霉味。

（四）春分

春分后，天气多变，下雨时常常伴随着电闪雷鸣。这个时节北碚日平均气温普遍升至15℃以上。此时，北碚澄江铁厂沟的李花，三圣、歇马的桃花竞相开放，是北碚人踏青赏花的好时节。

春分之际，人们井井有条地从事着这个节气的农事活动。因为春分时节风多雨水少，想要秧田平整，就要早早翻晒，冬麦返青就要把肥浇。此时晚茬水稻也要进行浸种、催芽、育秧。

⊙北碚澄江铁厂沟李花盛开 马冀渝/摄

春分谚语：

春分秋分，昼夜平分。
春分前好种田，春分后好种豆。
春分有雨病人稀。
春分有雨家家忙。
早种八分收，晚种三分丢。
春分麦起身，一刻值千金。

每当春分之际，播种之时，阳雀就漫山遍野、日夜不停地叫唤着。阳雀的故事在各地多有流传，这里记录的，是流传于北碚的版本。

阳雀的传说[1]

从前有一对同父异母的兄弟，哥哥是前娘生的，弟弟是后娘生的。有一天，后娘拿出两包豆子，叫两个儿子各拿一包去种，要豆子长出了芽才能回家。后娘偏心，给哥哥的豆子是煮过的，豆粒要大一些，给弟弟的豆子是生的，豆粒要小一些。弟弟看到哥哥的豆子要大一些，就跟哥哥交换了豆子。

哥哥种下的豆子不久就发了芽，他也回了家。而弟弟隔了很久还没有回去。后娘一问，才知道豆子被对调了，于是把哥哥赶了出去，要他把弟弟找到才能回家。哥哥一路寻找，不停地呼喊着弟弟的名字"米桂阳"，可他不知道的是，弟弟已经被狼吃了。后来哥哥也死在了山上，变成了一只阳雀。每年到了播种的时候，它就漫山遍野地叫唤"米桂阳"，嘴都叫出血了还在叫。

这一时节还有许多有趣的习俗，如立蛋、吃春菜、踏春光、祭祀等。据说，岭南一带吃的春菜，是一种野苋菜，也称为春碧蒿，人们采摘回去与鱼片一起炖汤，名曰喝春汤。而在北碚，春天常见的野菜都可称为春菜。荠菜、清

① 引自重庆市北碚区民间文学三套集成编辑委员会编《中国民间故事集成·重庆市北碚区卷》，重庆市出版总社1989年版，第118页。有改动。

明菜、蕨……在乡野间蓬勃生长，这个时节，北碚人喜欢到山上采蕨菜回来凉拌，挖荠菜回来包饺子，挖清明菜回来做粑粑，品味山野的清新。

春江水暖，芳草青青，这个时节也是放风筝的好时候。风和日丽之时，北碚嘉陵江边到处是放风筝的人，蝴蝶、蜈蚣、燕子、金鱼、老鹰……大人们放的各种形状的风筝高高飘在如洗的蓝天上，小朋友们则牵小风筝在草地上欢快奔跑。五彩斑斓的风筝牵着北碚人的希望与梦想。

（五）清明

到了清明，北碚降水进一步增多，时常会出现“清明时节雨纷纷”的场景，气温也进一步转暖。这一时节，北碚的日最高气温有时会超过30℃，爱美的姑娘外出踏青，要开始做好防晒准备了。此时，樱桃成熟，红宝石一样漂亮的樱桃，酸甜可口，深受北碚人的喜爱。“清明嫩水水，谷雨黑嘴嘴”，翠碧清香的嫩胡豆在这个时候也开始摆上北碚人的餐桌。

清明时节的乡野间生机勃勃，正是：

清明春始草青青，种瓜点豆好时辰。

植树造林种甜菜，油菜扬花稻秧生。

农家在清明时节的农事中，总结出了许多农谚：

清明北风十天寒，春霜结束在眼前。

稻怕寒露一夜霜，麦怕清明连放雨。

清明前后，种瓜点豆。

清明前后一场雨，胜似秀才中了举。

春分早、谷雨迟，清明种薯正当时。

清明南风起，收成好无比。

一句句谚语，展现出了忙碌而充实的清明风情。

清明是祭祖和扫墓的日子，这一天，人们要去扫墓，以安亡人之魂。在北碚，清明这天，人们除了给自己家去世的亲人扫墓，也不忘祭奠英烈。比如，北碚的大、中、小学生以及北碚的普通市民，许多人都会在清明这天去祭扫抗日英雄张自忠、革命英烈王朴的墓，在墓前献上一束鲜花，表达对烈士的崇敬与怀念之情。

⊙清明节祭奠张自忠将军 张昊/摄

清明是踏青好时节，也叫“踏青节”。为不辜负清明的春光，人们常在这天到郊外远足，欣赏大自然生机盎然的景象，这种踏青也叫春游，古代叫探春、寻春。清明节时，有人到乡野间游乐，回家时顺手折几枝叶芽初绽的柳枝，或拿在手中把玩，或编成帽子戴在头上，或带回家插在门楣、屋檐上。谚语有“清明不戴柳，红颜成皓首”，“清明不戴柳，死后变黄狗”的说法。人们相信，柳枝具有辟邪的功用，所以插柳、戴柳也成为一种祈福辟邪的活动。

⊙清明时节，北碚蔷薇花开 吴祥鸿/摄

（六）谷雨

⊙北碚的谷雨时节 吴祥鸿/摄

春将尽，夏将至。谷雨是春季最后一个节气。谷雨时节气温升高加快，降雨量增加，北碚在谷雨节气日平均气温多数年份稳定在20℃以上。从气候背景看，在谷雨时节，东亚高空西风急流明显减弱和北移，华南暖湿气团比较活跃，西风带自西向东环流波动比较频繁，低气压和江淮气旋活动逐渐增多。受其影响，大风、冰雹、强降水等天气过程，逐渐登上北碚的天气舞台。

谷雨时节，人们忙于备田插秧，栽种红薯。

本是春深时节，北碚区行政中心附近几棵高大的黄葛树却一夜黄叶，迅速脱光了枝干，在绿荫渐浓的时节显得格外突兀。

⊙谷雨时节北碚区行政中心附近的黄葛树 陈福厚/摄

传说黄葛树是“记忆之树”，清代医学家赵学敏的《本草纲目拾遗》中记载，“此树以某月种，每岁必某月始芽”。虽然也有学者认为，黄葛树的落叶是气候、土壤、光照、温度等多种因素决定的，但北碚人还是更愿意相信，黄葛树是有记忆的，什么时候移栽，以后每年就在什么时候落叶，这是一种对生命之本的牢记。

谷雨谚语：

宁愿田等秧，不愿秧等田。
田等稻秧，稻谷满仓；稻秧等田，没米过年。
谷雨栽上红薯秧，一棵能收一大筐。
一棵红薯一把灰，结得红薯一大堆。

这些谚语提醒着人们这个阶段要做的农活和施肥的方法。

谷雨时节，北碚的田间地头，忙碌的农人们一边劳作，一边唱起民歌《三月里来》①：

三月里来个罗儿，妻心儿黄罗二唧罗。
割了麦子个罗儿车唧车，栽高粱哟二唧罗。
好吃不过罗儿，高粱酒哟二唧罗；
好耍不过那罗儿车唧车，少年郎哟二唧罗。
天上落雨个罗儿，地上火巴哟二唧罗；

① 歌词系作者在田野调查时据农人所唱记录。

虫虫蚂蚁个罗儿车哪车，在搬家哟二啷罗。

天晴搬得个罗儿，田坎上哟二啷罗；

落雨搬得个罗儿车啷车，石旮旯哟二啷罗。

天上落雨个罗儿，瓦沟淌哟二啷罗；

打起阳伞个罗儿车哪车，去放牛哟二啷罗。

…………

大田薅秧个罗儿，沟对沟哦二啷罗；

薅到个螺蛳罗儿车啷车，坎上丢哟二啷罗。

螺蛳晒得个罗儿，大参口哦二啷罗；

小娇晒得个罗儿车啷车，汗爬水流哦二啷罗。

这首民间歌谣充满俚趣，唱出了三月的细碎生活。人们唱着辛勤劳作，期盼着丰收的日子。

谷雨前后，正是香椿脆嫩可口之时，民间有“雨前香椿嫩如丝”之说。香椿营养价值高，是不可多得的时令菜蔬。香椿的吃法很多，凉拌、拌豆腐……香椿炒蛋是最常见的，北碚人做香椿炒蛋，蛋要选用鹅蛋，据说搭配鹅蛋，才有清热、补气、益智的功效。

谷雨之后气温升高，病虫害也进入高发期。为了减轻病虫害对作物及人的伤害，农家一边到田里灭虫，一边张贴“禁蝎咒”，驱虫辟邪。“禁蝎咒”又叫谷雨贴，是一种民间绘画，上面画着神鸡捉蝎、天师除五毒的形象或道教神符，有的还写有诸如“太上老君如律令，谷雨三月中，蛇蝎永不生”，“谷雨三月中，老君下天空，手迟七星剑，单斩蝎子精”等文字，寄托了人们驱除虫害，获得丰收的愿望。

夏之篇

一般来说,当日平均气温或滑动平均气温大于或等于22℃,就进入夏季了。北碚区入夏时间偏早,一般在4月下旬至5月上旬;夏季时间长,一般为120~160天,20世纪80年代以后出现夏季增长的趋势,尤其是2003—2008年,连续6年长达150~170天,其中夏季最长的是2007年,夏季达到170天。虽与二十四节气略有出入,但这也正是北碚的特色。

五月,大地已然一片生机,北碚的夏天于此时到来,斑驳的树影之外是火热的太阳。北碚的人们也开始了自己的消暑之旅,或于凉凉的河水中嬉戏,或开战于漂流麻将桌。金刀峡、缙云山绝对是避暑的好去处,暑热在激流溪降、戏水玩乐、竹海听风中悄然褪去……

(一)立夏

“立夏”的“夏”，不仅有“夏季”的意思，还有“大”的意思，指春天播种的植物已经长大了。此时，北碚的春玉米处于大喇叭口期，小麦逐渐成熟，农村要犁田插秧。

⊙北碚转龙永兴村的农民在犁田 马冀渝/摄

⊙北碚柳荫东升村农民在插秧 马冀渝/摄

立夏谚语：

立夏玉米谷雨谷，小麦咧嘴菜籽熟。
收种栽管皆有时，桑果似桃花零落。
小麦开花虫长大，消灭幼虫于立夏。
立夏落雨，谷米如雨。
立夏到小满，种啥也不晚。
立夏无雨要防旱，立夏落雨要买伞。

农历的四月，夏的气息愈来愈浓，此时正是胡豆成熟的时候。胡豆是北碚人喜爱的食品，春日里，北碚人的时令菜蔬总少不了翠碧的嫩胡豆；其他时候，油酥胡豆是佐酒佳肴，沙炒胡豆是休闲时的零嘴，北碚特产怪味胡豆，更是既可当下酒菜，又可作零食的美味小吃。关于胡豆，在北碚民间流传着这样一个传说[①]。

三国时，张飞带领部队沿嘉陵江而上，走到北碚黄桷镇[②]时，见天色已晚，张飞就命令部队在此扎下营盘过夜。部队驻扎在黄桷、东阳一带，张飞则住在这里的一个山包包上。

① 引自重庆市北碚区民间文学三套集成编辑委员会编《中国民间故事集成·重庆市北碚区卷》，重庆市出版总社1989年版，第78页。有改动。

② 黄桷镇，北碚旧地名。新中国成立后，与二岩乡合并为东阳乡，在今东阳街道辖区。

当时是农历的四月，正是胡豆成熟的季节。张飞下令起灶埋锅煮饭，叫伙头军用胡豆来蒸鲊。因为蒸多了吃不完，剩下很多，部队第二天就要走，无法带走剩下的胡豆鲊，所以张飞就下令把剩下的胡豆鲊倒在河边。年长月久，这些堆成坨坨的胡豆鲊就变成了现在的鹅卵石堆。后来人们就把张飞住过的那个山包取名为“帅家堡”。

在北碚民间，立夏这天人们要喝冷饮来消暑。为了不使身体在酷暑中亏损消瘦，立夏还要进补。

旧时，立夏时节还有“称人”的习俗。吃完中午饭，人们在院坝里挂起一杆大木秤，秤钩悬一只凳子，大家轮流坐到凳子上面称体重。司秤人一面称秤，一面讲着吉利话。称老人时说：“秤花八十七，活到九十一。”称姑娘时说：“一百零五斤，员外人家找上门。不肯不肯偏不肯，状元公子有缘分。”称小孩时则说：“秤花一打二十三，小官人长大会出山。七品县官不犯难，三公九卿也好攀。”

(二)小满

小满到，太阳直射点离北回归线越来越近，白天越来越长，天气也热起来了，这个时节北碚偶有超过35℃的高温天气出现，降水量也明显增多。当北方冷空气南下，与南方暖湿空气在四川盆地东部交锋时，北碚可能出现暴雨或大暴雨天气。

小满时节的习俗与农事紧密联系。在农谚中，百姓以“满”指代雨水的丰裕程度。“小满不满，干断田坎。”小满正是中稻插秧的时节，如若田里不蓄满水，就会造成田坎干裂，无法插秧，影响农作物的收成。因此天旱的年份，人们会早考虑、巧安排，以人力或畜力带动水车灌溉水田，由此便有了“抢水”这一习俗：在小河上装好水车，用脚踩动，把河水引灌入田，至河边的水田灌满为止。

⊙北碚农村的水车 聂平/摄

小满之时，北碚的农民要忙着防治蚜虫、麦秆蝇等害虫，给稻田追肥促分蘖，收获油菜籽……

小满谚语：

小满天天赶，芒种不容缓。

小满三日望麦黄。

冷收麦，热进仓。

麦黄不喜风，有风减收成。

小满十八天，不熟也自干。

栽桑养蚕是农村的传统副业，小满节时值初夏，蚕茧结成，正待缫丝。家蚕全身是宝，因此，民间以小满作为蚕神诞辰，来表达对蚕感激之情。

（三）芒种

芒种时节，北碚雨量充沛、气温升高、湿度增大，这个节气北碚常年湿度在80%以上，常见的灾害性天气有暴雨、冰雹、大风、干旱等。高温加降雨，空气湿度大，人体感到闷热，要注意预防中暑了。

这时，白玉似的黄桷兰花朵已在叶间悄悄绽放，如果不是空气中弥漫的缕缕芳香，你甚至不会留意到它的存在。果园的枇杷已经成熟，黄灿灿的枇杷既是可口的水果，又是润肺止渴下气的食补良药。庄稼地里，春玉米出须，水稻处于分蘖期，需中耕除草。

⊙春玉米出须 吴祥鸿/摄

芒种谚语：

芒种夏至天，走路要人牵。

芒种忙，麦上场。

芒种忙忙栽，夏至谷怀胎。

夏季农活繁，做好收、种、管。

五月二十三，大落大干，小落小干，不落不干。

吃了端午粽，寒衣不可送。

芒种芒种，连收带种。

这些谚语口口相传，是对生活和农耕经验的总结。

"麦黄农忙，绣女出房。"在芒种期间，妇女也要下地帮忙做农活。芒种那天，北碚还有给柑橘树、核桃树喂糯米饭或白糖的习俗，即用柴刀在柑橘树、核桃树上砍几条口，再在砍出的口子内塞入糯米饭或白糖，寓意可以多结果实。

芒种前后正是丁香的花期，丁香花美丽而芬芳，紫色和白色的丁香如云般盛开，一株丁香就可以香满整个小巷。在北碚，关于丁香花，有一个有趣的小故事[①]：

> 冬天某日，秀才来到酒店，一个人喝闷酒。酒没有温热，经寒风一吹，更加冷了。下酒菜是猪肉丁，秀才一口酒一口肉地吃着，过了好一阵，酒已经喝得半醉了，秀才忽然自言自语地说："冰冷酒，一点二点三点。"只说出了一句，下面怎么对呢？秀才一口一口地端酒喝，一点一点地夹肉吃，绞尽脑汁，都想不出下句来。
>
> 有了上联，对不出下联，秀才心里一直不安，他天天都在想，终究还是想不出来。不久，秀才就去世了，人们把他埋在大路旁。又过了不知道多久，另一个秀才路过，因为早就听说过某某秀才对不出下联郁郁而终的事，于是去到死去秀才的坟前。他看到坟地上长着一棵丁香树，突然心念一动："丁香花，百头千头万头。"终于对出了恼人的下联。原来，"冰冷酒"三个字的前面依次是

① 这个故事在全国多地有流传，内容略差别。

一点水(冰古代也写作“氷”)、两点水、三点水;丁香花三个字的上面依次是“百”字头、“千”字头、“萬(万)”字头。

此外,在这一天还有送花神的习俗。芒种过后,各种盛开的鲜花开始凋落,因此古人把芒种作为花神退位的时间,隆重地为她饯行,以表达感激之情,期盼来年再次相会。

(四)夏至

夏至后,北碚进入盛夏时节,气候呈现出气温高、湿度大的特点,日最高气温普遍超过30℃。夏至后还经常出现雷阵雨,雷阵雨来得快也去得快,降雨范围小,有“夏雨隔田坎”的说法。北碚的夏季雷阵雨在午后及傍晚出现的频率较高。

夏至之时,北碚农村农事繁忙,农民们要对农作物进行田间施肥,要做好玉米防涝,还要进行果树夏剪。

⊙农事繁忙的夏至 马冀渝/摄

此时的春玉米已经上市，鲜食甜玉米、糯玉米是北碚人民的心头好。鲜玉米可以整个煮着吃，进食时要注意细嚼慢咽，特别是小孩，速度快了容易造成不消化；也可以将玉米粒掰下来，配以嫩辣椒炒着吃；还可以将其磨成糊，做成玉米糊、玉米汤粑或者玉米粑。

夏至谚语：

夏至有雨三伏热，重阳无雨一冬晴。

日长长到夏至，日短短到冬至。

夏至风从西边起，瓜菜园中受熬煎。

夏至日雨，其年必丰。

夏至前，蟹上岸；夏至后，水上岸。

夏至落雨十八落，一天要落七八坨。

夏至一场雨，一滴值千金。

在芒种和夏至之间，是中国传统节日端午节，俗称夏节。北碚的夏节特别值得一提。20世纪30年代，中国农村经济严重衰退，民生凋敝，以卢作孚为代表的北碚乡村建设运动者决定把端午节变成民众教育运动的节日——夏节。在夏节这一天，北碚要举行很多活动，有赛龙舟等体育比赛，有歌舞表演，有农具使用示范，有动、植物标本展览，还有学校组织的科普知识讲座，医院开展的义诊活动，北碚的机关也全部开放，让民众参观，用干净、整洁的环境引导民众树立卫生意识，受到现代文明生活方式的熏陶。那时，北碚的夏节十分热闹，嘉陵江畔人山人海，北碚城中人头攒动，据当时的报刊记载，到北碚城区过节的民众多达四五万甚至十余万人。而北碚夏节的活动，无论是娱乐，还是教育，都是围绕锻炼民众体魄、启发民智的“民教”这一主题来组织举办的。抗战全面爆发后，北碚的夏节活动中，还融入了爱国宣传。可以说，北碚的夏节反映了北碚这座小城的城市精神。

（五）小暑

小暑时北碚气温较高，雨水丰富，日照充足。这时，北碚多数年份日平均气温在28℃以上，进入了炎热的阶段，低海拔地区都被高温热浪包围，唯有缙云山、金刀峡等海拔较高的地方能感受到丝丝凉风。

⊙小暑时节的北碚乡村 吴祥鸿/摄

天气炎热的小暑时节，西山坪的西瓜熟了。西山坪西瓜的栽种历史可以追溯到20世纪30年代，那时，中国西部科学院农林研究所在西山坪农场引种三峡西瓜成功，“开四川种西瓜之新纪元”，后来又引进各地优良瓜种。西山坪所产西瓜因皮薄肉甜、水分充足、品质优秀，深受北碚人的青睐。

⊙西山坪的西瓜 秦廷富/摄

小暑时节，人们要与时间赛跑，在抓紧给玉米中耕培土的同时，还要注意防雨防风。小暑是面临梅汛和干旱的时期，在抓好防汛的同时，还要加强蓄水防旱，对红苕及时中耕除草，果园则要做好病虫害防治工作。

⊙小暑时节，北碚歇马东风村农民在防旱浇庄稼 马冀渝/摄

小暑谚语：

小暑过，一日热三分。

小暑一声雷，翻转作黄梅。

小暑南风十八朝，晒得南山竹也焦。

小暑若刮西南风，农人忙碌一场空。

天旱防备雨涝，雨涝防备天旱。

小暑大暑，淹死老鼠。

北碚有句老话："小暑黄鳝赛人参。"小暑前后，黄鳝肥壮，比其他时候更为鲜美，人们相信，此时吃黄鳝是最滋补的。我国传统中医有"春夏养阳""冬病夏治"的讲究，中医认为，黄鳝性温味甘，具有补中益气、补肝脾、除风湿、强筋骨等作用，小暑吃黄鳝，也有健康上的考量。

在北碚人的故事中，黄鳝不仅能填饱肚子，还蕴含着为人的道理：

传说田里的黄鳝是一个人变来的。

从前，有一个人家里穷，娶不到妻子。他想，这一世娶不到媳妇就算了，只要自己多做善事，下一世定能娶个好媳妇，过上好日子。可是怎么行善呢？这个人屋前有一条小河沟，没有桥，他就天天从早到晚去背人过河，不管男女老少，也不管有钱无钱,他都背他们过河。

这个人背人过河,一背就是三年。有一天,观音菩萨想试试他的心,看他是不是真行善,于是就变成一个美女来到河边,要过河。这个人一看那女子,皮肤又白又嫩,吹弹可破,他二话没说,轻轻将女子背到背上。来到河中心时,他在心里想:要是我能娶上这么个媳妇,那就好了。他心里想的,背上的观音菩萨马上就知道了,菩萨给了他一巴掌,说道:“你不善装善,罚你到水里变黄鳝!”于是,这个人就变成了一条黄鳝。[1]

民间还有这样的习俗:“六月六,家家晒红绿。”“红绿”是指五颜六色的衣服,小暑这一天要把存放在箱柜里的衣服晾到外面接受阳光的暴晒,以去除潮气,防霉防蛀。

(六)大暑

大暑期间,北碚区进入一年中最热的时期,37℃的高温天气已是家常便饭,经常会出现40℃以上的高温天气。大暑节气正值“三伏天”里的“中伏”前后,“湿热交蒸”的感受在此时到达顶峰。

① 引自重庆市北碚区民间文学三套集成编辑委员会编《中国民间故事集成·重庆市北碚区卷》,重庆市出版总社1989年版,第119页。有改动。

⊙大暑，炎热的北碚 吴祥鸿/摄

正所谓“大暑酷热气温高，预测预报病虫草。抗旱御热防渍涝，科学肥水兼植保”。大暑之际，北碚正处于收获玉米、水稻灌浆、红薯提蔓的时候。由于天气变化大，预防庄稼的各种病灾是重点。这一时节，北碚的高温和暴雨天增加，农户还要抓紧种秋菜、防洪。

⊙北碚农家晒玉米 马冀渝/摄

大暑谚语：

大暑热不透，大热在秋后。

大暑无酷热，五谷多不结。

小暑不见日头，大暑晒开石头。

大暑连天阴，遍地出黄金。

小暑怕东风，大暑怕红霞。

每年大暑前后到8月底，北碚金刀峡镇都会举办消夏文化艺术节，在这段时间里，人们可以前往金刀峡镇，赶一次原乡市集、打一场水上麻将、泼一场清凉溪水、玩一回刺激溪降、享一次军旅露营、看一场星空电影、采一篮田园蓝莓、吃一串江东葡萄……在盛夏酷暑中享受溪谷清凉，体验新时代乡村特色旅游。

⊙大暑纳凉 秦廷富/摄

秋之篇

秋天，北碚老街的梧桐树叶开始发黄，葱郁的缙云山也有了红叶，秋意悄然而来。秋高气爽的日子，嘉陵江波光荡漾，如一条缀满金星的碧玉带，美不胜收，遍布山野的柑橘树挂满金灿灿的果实，煞是惹人喜爱。秋雨绵绵时，江上山间水雾弥漫，令人秋思如雨，涨满心中的秋池……北碚的秋天，就是这样令人留恋。

（一）立秋

立秋是揪着“三伏”尾巴到来的节气，并不等于气候学意义上的入秋，气象学上将连续5天日平均气温稳定在22℃以下作为秋季开始的标准。立秋并不是酷热与凉爽的分水岭，立秋后，天气不会马上凉下来，还是有夏季的余热。在这个节气，北碚还常有超过40℃的高温天气出现。从气象学意义上的入秋来看，北碚入秋时间晚，一般在10月国庆节前后。

立秋谚语：

> 秋夹伏，热得哭。
>
> 立秋早晚凉，中午汗湿裳。
>
> 立秋不立秋，还有一个月的好热头。
>
> 七月半，八月半，蚊子嘴，似钢钻。

这一句句谚语，仿佛昭示着秋虽到，热未消。

立秋时节，人们开始深翻深耕、变土为金，苗圃芽接摘树心。农家忙着稻谷收割，管理好萝卜、白菜等作物。

⊙立秋时节北碚农村稻谷收割 马冀渝/摄

⊙北碚农民秋收忙 余梅/摄

过去，民间会在立秋这一天以悬秤称人，将体重与立夏时对比来检验胖瘦，体重减轻叫“苦夏”。因为人到夏天，本就没有什么胃口，加之饭食清淡简单，两三个月下来，体重大都要减少一点。那时人们对健康的评判，往往只以胖瘦作为标准，瘦了当然就需要“补”，等秋天一到，就要吃点好的，增加一点营养，补偿夏天的损失，谓之“补秋膘”。当然，随着时代的进步，现在生活越来越好，人们对饮食平衡、健康越来越关注，“补秋膘”也要注意健康科学。

(二)处暑

民谚说：“处暑天还暑，好似‘秋老虎’。”北碚在这个时节依然炎热，常年日平均气温在26℃以上，时有高温连晴天气，不过，处暑过后，早晚就会慢慢凉爽起来。

处暑谚语：

一场秋雨一场凉，立秋处暑天气凉。

处暑处暑，处处要水。

处暑若还天不雨，纵然结实也无收。

处暑里的雨，谷仓里的米。

处暑不耕田，来年手不闲。

处暑时，北碚的稻谷收割仍在进行，农民还要抓紧清理塘堰并蓄水，进行秋菜后期管理，翻晒谷草积灰肥。

⊙处暑时北碚静观镇罗坪村的村民在抓紧收割稻谷 吴祥鸿/摄

在处暑前后有一个重要的传统节日——中元节。中元节亦称鬼节，也是佛教举行盂兰盆会的日子，因时间在每年的农历七月十五日，故民间俗称“七月半”。旧俗有祭祀亡故亲人等活动。

俗话说，“七月半，鬼乱蹿”。旧时民间农历七月要举行普度布施活动，活动从农历七月初一这天“开鬼门”开始，至月底“关鬼门”结束，其间有开鬼门、树灯篙、放河灯、关鬼门等多个活动。中元夜，人们将河灯放于江河之中，任其随波漂泛，以普度水中的落水鬼和其他孤魂野鬼，寄托人们对已故亲人的思念之情。萧红《呼兰河传》中的一段文字，是这种习俗的最好注脚：“七月十五是个鬼节，死了的冤魂怨鬼，不得投生，缠绵在地狱里边是非常苦的，想投生，又找不着路。这一天若是每个鬼托着一个河灯，就可得以投生。”

处暑过，暑气止，就连天上的云彩也显得舒卷自如，不像大暑之时或浓云成块，或万里无云。民间向来有“七月八月看巧云”之说，内含出游迎秋之意。

（三）白露

进入白露节气后，夏季风逐渐被冬季风所代替，冷空气南下渐渐频繁起来，加上太阳直射点南移，北半球日照时间变短，日照强度减弱，夜间常晴朗少云，地面散热快，因此温度下降也逐渐加速，有“白露秋分夜，一夜凉一夜”的说法。北碚区在白露节气前后日最高气温开始逐渐下降至30 ℃以下。

白露谚语：

喝了白露水，蚊子闭了嘴。
夜晚露水狂，来日毒太阳。
白露夜寒白天暖，秋收作物忙田管。
收薯植油好时节，躬耕田园人头攒。
白露种高山，秋分种河湾。
萝卜白菜葱，多用大粪攻。
白露快把土挖松，种起庄稼嫩冬冬。

白露是一个忙碌的时节，也是一个收获的季节。白露白天热夜晚凉，是人们栽种秋菜的好时节，也是收获早熟黄豆、南瓜、冬瓜的时节。

禹王是传说中的治水英雄大禹，人们称他为“水路菩萨”。每年农历正月初八、清明、七月初七和白露时节，民间都会举行祭禹王的香会，其中又以清明、白露春秋两祭的规模较大，各历时三天。在祭禹王的同时，白露节气，民间还祭土地神、花神、蚕花姑娘、门神、宅神、姜太公等。白露

⊙北碚农民白露时节种秋菜

时节还有自酿白露醪糟酒的习俗,旧时乡下人家每逢白露,家家做醪糟,用以待客,称“白露米酒”。

(四)秋分

秋分这一天太阳直射赤道,地球上许多地区昼夜平分。按气候学上的标准,秋分时节,北碚区日平均气温降到了22℃以下,基本达到物候上的秋天了。经党中央批准、国务院批复,自2018年起,将每年秋分日设立为“中国农民丰收节”,从此,中国农民有了自己的专属节日。

⊙北碚农民庆丰收 吴祥鸿/摄

秋分谚语:

秋分秋分,昼夜平分。
秋分秋分,雨水纷纷。
秋分有雨来年丰。
秋分节日后,青蛙仍在叫,秋末还有大雨到。

“树底花浓铺淡月，叶间露重凝清香。”秋分，正是桂花飘香的时节，红的、黄的、白的小花掩映于桂花树浓绿的树叶间，不争俗艳世，却馨香十里。

⊙秋分时节桂花香 吴祥鸿/摄

这时，秋雨多，天渐凉，北碚的农民要忙着采收秋瓜秋果，挖田积肥备秋耕，将当年的秋粮及时入仓。

⊙秋分采秋果 马冀渝/摄

秋分有吃秋菜、祭秋月等习俗。秋菜即马齿苋，又叫长命菜，它味微酸，性寒，是秋天的一种常见野菜，具有清热解毒、凉血止血、止痢之效。每逢秋分，人们都会去采摘秋菜。古代中国有春分祭日、秋分祭月的习俗，所以秋分是传统的祭月节，由于秋分临近中秋，祭月后来就由秋分的习俗改变为中秋节的习俗。

在北碚蔡家地区，流传着中秋点橙香的习俗，众人在新摘的柚子上插满点燃的香，然后用竹竿挑起橙香，来到院坝前的开阔之地，祭拜月神、祈福、表达对远方亲人的思念。重庆巴渝农耕文化陈列馆的创始人刘映升老人曾创作了一首诗："月圆中秋点橙香，一竿翠竹挑天上。橙香袅袅飘四海，天涯无处不思乡。"就是写的蔡家中秋点橙香的习俗。

（五）寒露

寒露是秋中之秋，天气变化节奏快。时有冷空气南下，昼夜温差较大，并且雨季结束，秋燥明显，北碚在寒露时节便少有日最高气温30℃以上的天气了。

寒露谚语：

寒露到霜降，种麦莫慌张。
霜降到立冬，种麦莫放松。
秋分早，霜降迟，寒露种麦正当时。

吃了寒露饭，单衣汉少见。

小麦点在寒露口，点一碗，收三斗。

寒露蚕豆霜降麦，种了小麦种大麦。

豆子寒露动镰刀，骑着霜降收芋头。

寒露时节，农民忙着再生稻、大豆、红薯等农作物的收割，还要忙着为秋播作物开沟排水、备种备田。此刻，人们还忙着收回马铃薯、红薯种，忙着管好萝卜和白菜。

如果说白露时节天气转凉，开始出现露水，那么到了寒露，则露水增多，气温更低。此时秋意渐浓，蝉噤荷残，又正值重阳节前后（也有寒露当天就是重阳节的年份），正适合登高望远，遥寄情思。

关于重阳节，北碚民间有着一个充满趣味和智慧的小故事：

从前，有一个聪明的媳妇，最孝敬老人。她公公的名字带一个“九”字，因此，她说话从来不带和“九”同音的字。

有一天，她公公的两个朋友专门来考验她，两人来到她家门前说：“我们一个叫张九，一个叫王九，都是你公公的酒朋友。今天，我们买了一把韭菜，打了九斤酒，明天九月九是我们的生日，请你公公来喝酒。”两个人说完就假装走了，等媳妇一进门，他们就转回来躲在门外偷听。只听媳妇对公公说："爹，你走了之后，有两个人来找你，一个叫张三六，一个叫王五四，拿了一把二加七的菜，提着几瓶三加六，明天重阳节他们过生日，请你去喝四加五。"①

逗趣的故事里透射着北碚人处世的智慧和幽默。

（六）霜降

霜降是秋天的最后一个节气，预示着冬天的脚步越来越近了。这个时节，北碚的日平均气温仍在16 ℃以上，仍是秋高气爽，适宜出游，不过早晚温差较大。

霜降谚语：

夏雨淋透，霜期退后。
秋雨透地，降霜来迟。
风大夜无露，阴天夜无霜。
今夜霜露重，明早太阳红。
严霜出毒日，雾露是好天。
霜后暖，雪后寒。
雪下高山霜打平地。

在霜降降温又结霜的时候，农村正在抓紧秋耕、秋

① 引自重庆市北碚区民间文学三套集成编辑委员会编《中国民间故事集成·重庆市北碚区卷》，重庆市出版总社1989年版，第199页。有改动。

种，要在冬水田里灌满水，在地里点小麦、胡豆、豌豆等，正所谓“胡豆麦子把坡上”，还要将田里、塘里的藕挖出来，挑到集市上去卖。

⊙霜降挖藕的北碚歇马文凤村村民 马冀渝/摄

民间有“先补重阳后补霜降”“补冬不如补霜降”的说法。霜降时节，天气越发寒冷，且仍有秋天的干燥，因此，民间有吃“煲羊肉”“煲羊头”“迎霜兔肉”的食俗。旧时人们相信吃啥补啥，传说吃煲羊头有助于“头风”等疾病的治疗。迎霜兔肉就是经霜（即霜降时）的兔子肉，这时候的兔肉味道鲜美，营养价值较高。还有吃柿子的习俗，俗话说：“霜降吃灯柿，不会流鼻涕。”旧时民间认为霜降吃柿子，冬天就不会感冒、流鼻涕。事实上，柿子是在霜降前后完全成熟，此时节的柿子皮薄汁多味甜，且营养丰富，所以深受人们的喜爱。

冬之篇

冬天的嘉陵江格外澄澈，冬季水枯，两岸沙滩宽阔洁净，江水缓缓流淌，沙白水碧，景色明丽雅致。北碚的植物种类很多，冬天最惹人喜爱的，大约要数蜡梅了。花开万朵香天下，梅融雪意孕新春。北碚的冬天，在蜡梅的芳香中孕育着新一轮的希望。

（一）立冬

立冬时节，太阳已到达黄经225度，日照时间继续缩短，北碚的日平均气温降至14℃左右，但在气候学定义上还没有正式进入冬天，气候学上是当平均气温连续5天低于10 ℃时，平均气温低于10 ℃的第一天为进入冬季之日。北碚通常在12月上旬前后进入冬季。

这个时节，红薯已经成熟，人们将红薯背回家窖藏，经过窖藏的红薯更加甘甜。山里的人围着柴火，烤几个红薯，那种香甜别有一番风味！立冬时，北碚农村还要进行晚稻收割等农事活动。

⊙立冬时，北碚柳荫明通村农民在收割晚稻 马冀渝/摄

立冬谚语：

立冬不使牛。

立冬晴，养穷人。

立冬落雨会烂冬，吃得柴尽米粮空。

重阳无雨看立冬，立冬无雨干一冬。

民间谚语说的“立冬补冬，补嘴空”，是对这一时节的忌宜最贴切的描述。北碚人补冬，喜欢吃羊肉汤锅，人们

相信，吃羊肉可以让人冬天身体健康，不怕冷、不得病。锅里咕噜咕噜地煮着羊肉，一家人围炉而坐，调蘸料、盛汤、撒一点香菜在汤里，肉香四溢，大家一边话家常，一边吃着羊肉喝着羊汤，胃是暖暖的，心也是暖暖的。

（二）小雪

小雪是强冷空气活动较频繁的节气，在这个时节，北碚常有降温降雨天气发生，日最低气温降至10℃以下，开始进入冬季。

小雪谚语：

瑞雪兆丰年。

小雪不耕地，大雪不行船。

小雪雪满天，来年必丰年。

鱼生火，肉生痰，白菜萝卜保平安。

常吃萝卜常喝茶，不找医生把药拿。

冬吃萝卜夏吃姜，不用医生开药方。

小雪时节，虽然天冷起来了，可是农家还是要修剪果树，给果树施肥。

这一时节，萝卜大量上市，萝卜是北碚人喜爱也常吃的蔬菜。北碚的萝卜品质优良，有红萝卜、白萝卜之分，红萝卜适合做泡菜、凉拌等，白萝卜更适合炖、煮、炒。清甜的萝卜是大自然对北碚人的馈赠，也昭示着新年的悄然靠近，正如民谣所唱："红萝卜，蜜蜜甜，看到看到要过年。过年又好耍，瓢羹要舀汤，筷子拈嘎嘎（四川方言，肉的意思）。"

"一树天香胜满园。"每年这个时节，享有"中国花木之乡"美誉的静观，早熟品种的蜡梅花悄然在枝头盛开，北碚的街巷满溢着蜡梅清冷的香气，集市街头，到处可见卖蜡梅的花农。在北碚很多人的家里，蜡梅是这一时节最雅致的清供。

⊙北碚静观万全村蜡梅园中，村民在捆扎要上市销售的蜡梅
秦廷富/摄

（三）大雪

大雪时节，北碚区已进入冬季，气候温和而少雨雪，却多雾天，偶尔在缙云山上还能观察到云海现象。大雾天气通常出现在夜间无云或少云的清晨，气象学称之为辐射雾。

⊙北碚缙云山云海　马冀渝/摄

大雪谚语：

今冬大雪飘，来年收成好。
今冬雪不断，明年吃白面。
白雪堆禾塘，明年谷满仓。
大雪小雪，煮饭不歇。

大雪时节,缙云山上的柑橘已完全成熟,果香袭人。果农们忙着采摘售卖的同时,缙云山上的金果园等柑橘种植地吸引了众多市民前往,享受采摘的乐趣。

⊙缙云山果农采摘柑橘 吴祥鸿/摄

⊙丰收的喜悦 吴祥鸿/摄

有道是："北方瑞雪兆丰年，南方降雪不常见。控旺促弱育壮苗，增温保墒封盖严。"一方面，这个时候由于天气较冷，北碚农村栽种的庄稼要防低温、霜冻，有的作物还要覆膜保暖。另一方面，虽是大雪时节，天气严寒，北碚却经常出现暖冬现象，几日和煦的阳光让人们感觉到春天般的温暖，时不时有几棵垂丝海棠误把冬日当春来，枝头上竟然绽放出一些粉色的花朵来，甚是可爱。正所谓"三分日暖乱开花"。

（四）冬至

冬至时，太阳直射南回归线，北半球白昼最短，黑夜最长，这天之后，太阳又逐渐北移。古人认为冬至有三层意思，一是阴极之至，二是阳气始生，三是日行南至，所以称这一天为冬至。正是"冬至全年昼最短，日后白昼渐渐添"。冬至时，北碚平均气温仍有8℃左右。

冬至是我国古代很重要的节日，有"冬至大如年"之说。《东京梦华录》里记载，京师最重冬至节，就是再穷苦的人家，这一天也要换新衣、办饮食、祭先祖。古人也将冬至称为"亚岁"或"小年"。

按民间的习惯，从冬至次日就开始数九了，每九天算一九，共数八十一天。北碚的《数九歌》唱道："一九、二九，怀中插手；三九、四九，冻死老狗；五九、六九，沿河看柳；七九六十三，路上行人把衣单；八九七十二，猫狗卧阴地；九九八十一，庄稼老汉田中立。”

冬至谚语：

冬至日子短，夏至日子长。

冬至没打霜，夏至干长江。

冬至强北风，注意防霜冻。

冬至晴，五谷丰。

冬至风寒是丰年。

冬至气温低，要注意耕牛等牲畜的防寒。

俗话说，“吃了冬至饭，一天长一线”，“隆冬时节须进补，赶快喝碗羊肉汤”。人们在冬至时总是要补一补，才能更好地迎接即将到来的数九寒天，暖胃暖心才好过冬。各地冬至的饮食丰富多彩，比如北方冬至这天要吃饺子，北碚人这天则要吃羊肉。每到冬至日，北碚的羊肉馆里就座无虚席，严寒的天气充满了温暖的气息。

此刻，静观的蜡梅已进入盛花期，各种品种都已绽放。每年此时（12月下旬到次年1月期间），北碚的“中国花木之乡·静观蜡梅文化艺术节”如期举办，在北碚区静观镇赏蜡梅、逛集市、泡温泉，尽享冬日出游的快乐，成为很多市民的冬日选择。

⊙静观蜡梅盛开 明俊雄/摄

(五)小寒

小寒节气,是公历新年的第一个节气,它的到来,意味着一年中最寒冷的日子要开始了。小寒是二十四节气中全国平均气温最低的节气,也是北碚日平均气温最低的一个节气,在600米以上高海拔地区偶有小雪或雨夹雪天气发生。

小寒谚语:

小寒大寒,冻作一团。

冷在三九,热在三伏。

腊七腊八,冻裂脚丫。

小寒时处二三九,天寒地冻冷得抖。

这个时节，农事告一段落，但勤劳的北碚农民仍闲不住，操心着来年的事情，诸如积肥、造肥、蓄水等。

小寒节气前后，民间有个重要的节日——腊八节。腊八节时间在农历十二月初八，相传是释迦牟尼的成道日，所以也称为“成道节”。腊八节这天，汉族地区的佛教寺院都要煮供佛的粥。喝腊八粥的习俗由来已久，宋代吴自牧的《梦粱录》记载，“此月八日，寺院谓之腊八。大刹等寺俱设五味粥，名曰‘腊八粥’”。后来，喝腊八粥的风俗遍及全国，家家户户都要做腊八粥。腊八粥的配料也各有不同。如：清代富察敦崇的《燕京岁时记》中记载的腊八粥，是“用黄米、白米、江米、小米、菱角米、栗子、红江豆、去皮枣泥等，合水煮熟，外用染红桃仁、杏仁、瓜子、花生、榛穰、松子及白糖、红糖、琐琐葡萄，以作点染”；冰心回忆儿时母亲煮的腊八粥“是用糯米、红糖和十八种干果掺在一起煮成的。干果里大的有红枣、桂圆、核桃、白果、杏仁、栗子、花生、葡萄干等，小的有各种豆子和芝麻之类，吃起来十分香甜可口”。如今，北碚的温泉寺等佛寺，腊八节那天依然会煮腊八粥施予众人。

“小孩小孩你别馋，过了腊月就是年”。杀年猪、吃刨猪汤是北碚民间历史悠久的习俗。到了腊月初八，北碚农村就要杀年猪、吃刨猪汤了。这时杀猪，猪肉更好腌渍、做腊肉和熏肉，也便于存放。早年间，为图吉利，杀年猪不能用“杀”字，要说猪“出槽”。按照民间的传统，年猪要越肥越好，预示着一家人在来年幸福美满、五谷丰登，因而有“杀年猪，过肥年”之说。杀年猪须一刀毙命，最忌讳补刀。杀猪不死，复二刀，或猪久不断气，发出哼哼声，都会被认为是预示着来年这家人的运气不好。

杀猪几个小时后，肥猪儿变成了热腾腾的刨猪汤、回锅肉、粉蒸肉、炒猪肝……亲友坐上酒席，敞开肚皮开始“整（方言，‘吃’义）伙食”。酒桌上大家推杯换盏，激动时，站着说、抢着说、扯起喉咙说，一年的收获和辛苦，在外头见到的世面、好久没聊的家常，都在酒桌上倾泻而出，好不热闹。

（六）大寒

大寒是二十四节气中的最后一个节气。每年公历1月20日或21日，太阳到黄经300°，此时即为“大寒”。大寒是天气寒冷到极点的意思，《三礼义宗》云：“寒气之逆极，故谓大寒。”此时，北碚海拔600米以上的地区可能出现小雪或雨夹雪天气，在夜间无云或少云的清晨时常出现大雾天气。

大寒谚语：

小寒不如大寒寒，大寒之后天渐暖。
冻不死的蒜，干不死的葱。
欢欢喜喜过新年，莫忘护林看果园。
春节前后闹嚷嚷，大棚瓜菜不能忘。

禽舍猪圈牲口棚，加强护理莫放松。

春节前后少农活，莫忘鱼塘常巡逻。

小寒大寒，杀猪过年。

以上谚语，说明了大寒的天气特点，农家在这一时节的农事，也说明到了大寒，就该过年了。讲禁忌是人民群众追求美好生活的一种表现，过年有着许多的禁忌，表现出人们图吉利，希望来年生活更美好的愿望。

大寒时节虽然天气寒冷，但新年快到了，北碚人开始忙着除旧布新，准备年货。从大寒到立春这段时间，民俗比较多，如农历腊月二十三祭灶神之前，家家户户要大扫除。虽然现在生活富足，什么东西都能在商店买到，但还是有不少人家要自己灌香肠、熏腊肉。道路两旁、街心花园为过年挂的彩灯也亮起来，过年的气氛渐渐浓起来。大寒过后，节气又开始新的一轮循环。

为了增进老百姓的情感，在这个辞旧迎新的时节，有些地方要举办百家宴。北碚偏岩古镇就曾多次摆起了民生百家宴：大红灯笼高挂，人流穿梭如织，高朋满座、觥筹交错，劳作了一年的乡亲们聚在一起大快朵颐，共祝美好，共贺新春。

⊙偏岩古镇的百家宴 蒋玉良/摄

二十四节气之外的春节

百节年为首，春节是中华民族最隆重的传统佳节。

除夕，城乡居民家庭就会在门边张贴对联，在门上倒贴“福”字，寓意福到来。大年三十，给小孩发压岁钱，寓意压“祟”。除夕夜，全家围坐在电视机前，观看中央电视台春节联欢晚会，很多人都要守夜到零点以后或者守通宵，谓“守岁”。新年的钟声敲响时，鞭炮齐鸣、烟火升空。1994年重庆市明令禁止在市区放爆竹后，北碚城区一般在指定地点燃放鞭炮，北碚区政府还在北碚老城和城南新城举办过烟花晚会，吸引了成千上万的群众前来观赏。

⊙贴对联 马冀渝/摄

“元旦”这一概念自古有之，我国古代将农历的正月初一称为“元旦”，也称为“元日”“元辰”“元春”“元朔”。晋周处所编《风土记》记录了“元旦进柏叶酒”的习俗；南朝萧子云所作雅乐歌《介雅》有“四气新元旦，万寿初今朝”之句；宋代王安石的《元日》诗“爆竹声中一岁除，春风送暖入屠苏。千门万户曈曈日，总把新桃换旧符”更是人们耳熟能详的描写春节的诗。中华民国成立之后，改用公历，以公历的1月1日为元旦，将农历正月初一改为春节。1949年9月，中国人民政治协商会议第一届全体会议通过使用公元纪年法的决议，将公历1月1日定为元旦，保持农历正月初一日为春节不变。

旧时，按乡俗，正月初一清晨起床后，家长带着穿上新衣的儿女，焚香烛，鸣爆竹，拜天地祖先，然后向尊长依次跪拜毕，外出向吉利方肃拜，曰“出行”。北碚初一早餐以吃汤圆为老传统。初二至十五，亲戚间相互登门拜年，多以腌腊制品、糖果、猪蹄膀等物互相馈送，以示礼尚往来的情谊。新结夫妇拜年，要带蹄膀、蜜饯礼盒等礼品。凡是新婚夫妇和小孩拜年，主人家都要打发过年钱。

⊙春节祭祖

春节来临，北碚主要街道两旁和街心花园内都彩灯高悬，张灯结彩。夜晚来临，灯火辉煌，一派节日气象，直至元宵节后，方才拆掉彩灯。除此之外，北碚每年春节还保留着灯会活动，灯会上展出各种彩灯，五光十色，百态千姿，令观赏者目不暇接。其中，式样精巧的玻璃彩灯更是令人赞叹不已。

北碚春节期间的禁忌主要有：

正月初一至初三，忌扫地、向外倾倒污水；忌用针、线、笔、墨；忌动锄、犁、耙、锤。正月初一还要忌言，开口第一句，要讲吉祥的话；儿孙在春节期间犯过错，要在初三以后开始管教；挑水、推磨等家务与耕作，亦须自初三始。

初一至初六忌宰杀，《荆楚岁时记》引董勋《问礼俗》："正月一日为鸡，二日为狗，三日为羊，四日为猪，五日为牛，六日为马，七日为人。"所以旧时民间有初一不杀鸡，初二不杀狗，初三不杀羊，初四不杀猪，初五不杀牛，初六不杀马，初七不行刑的风俗。

旧时人们认为，开年晴朗天气则吉，当年可卜人人安泰，五谷丰收，六畜兴旺，反之则不吉。总之，在开年的几天之内，士、农、工、商一律关门闭户，贴上红纸条，上书"百无禁忌，诸事如意"。如要外出工作或者开业，也必须选择黄道吉日，出行开张；动用笔墨时，必在一张红纸条上写"新正发笔、笔上生花、花上结果、果然发财"一类吉语贴于壁上。

旧时，场镇入口立有"禁止冷丧入场"石碑，即必须燃放鞭炮，锣鼓吹打，方能通过。

北碚农村，春节是一年中最热闹的节日，要持续半个多月。农村人家习惯腊月三十日团年，正月初一过年，正月十五送年。"团年"是一年中全家老少团聚的日子，离家外出的人都要赶回去和家人团聚。家里的人则早就在为团年作准备了。吃团年饭是团年的一项重要内容，团年饭的菜肴荤素齐备，有冷有热，样数多少和材料的选用，以各家经济状况和饮食习惯为准。共同的特点是，要多做些，一天吃不完，第二天第三天继续吃。食物多，吃得久，寓意年年有余。亲戚间有些还要吃转转饭，即从初二开始，轮流到亲戚家吃饭，一家负责一天的饭菜，吃完饭后，大家通常一边打牌一边聊天，好不热闹。

到了正月初九（俗称“上九”）这一天，家家户户都要点上灯，身手矫健的人会去舞狮子。这天晚上，大家都到街上看龙灯和成群结队跳舞的人，歌舞升平，人声鼎沸。舞狮用的狮子和龙灯外貌皆极力模仿《周礼》中方相氏的凶恶形象，鼻大目炯，发多体长，旨在吓退鬼神，迎来吉祥。自正月初九起，城乡皆开始玩龙灯，乡村不仅有舞狮、龙灯、彩船、车灯，还有高脚狮子和年箫队，伴以鼓乐，沿街串乡游，热闹非凡。

⊙春节期间北碚乡镇的舞龙队伍 秦廷富/摄

正月十五，春节的节日气氛达到高潮。正月十五日元宵节，亦称“上元节”“过大年”。这天，北碚家家户户都要吃汤圆，有团圆美满之意。晚上，房间的灯都要亮着，以祭祀天地和祖先。

元宵节时，全国各地都会举行各种娱乐和杂耍活动，北碚也不例外。在北碚，除了元宵节的传统活动，还有一项特殊的活动——“曲艺名家闹元宵”，从2009年开始，一直延续至今。每逢正月十五元宵佳节，重庆曲艺界名家大腕都会齐聚北碚，给北碚人民带来相声、小品、川剧、评书……活动举办地总是人潮涌动，热闹非凡，曲艺名家们则用精彩的文艺节目与市民一起闹元宵，把欢歌笑语带到群众身边。“曲艺名家闹元宵”这个春节特色文化活动已成为北碚的一张文化名片，为北碚人民带来了许多欢乐，丰富了北碚人民的精神文化生活。

⊙一年一度的北碚“曲艺名家闹元宵”活动 马冀渝/摄

逝水流年，总有一些东西贯穿岁月，一脉相承。在中国人的情感长河里，春节永远是温暖的、欢乐的。在一年又一年“共同祝愿祖国好”的歌声中，祖国从贫穷走向富裕，从落后走向强大。春节是阖家团圆的日子，也让我们在承袭种种温馨习俗的同时，深情拥抱中华传统文化，感悟中华民族生命之根。

二十四节气的故事如同一位久经风霜者的自述，春夏秋冬，酸甜苦辣，轮回往复，汇聚成一本人生宝典，不断被打磨得更加光辉。

二十四节气本为农事而立，却有越来越多的城里人关注它、重视它。山川花草，都可以引为知己。燕子归来，为我们带来春的讯息；瓜果成熟，为我们送来秋的甜美。在我们内心，都有一颗种子，它包藏着我们与自己的文化来处幽微的关联，一旦春回，它就会悄然发芽。把自己放回到日升月沉、四时不息的天地大道之间去，重新感受和思索自己的存在，或许更贴近我们生命的真实。

后记

我在北碚学习和工作了20余年，对这座城市的熟悉，多是来自大学期间周末的行游。出校门，路经黑龙江巷，到正码头赶场；从正码头搭乘渡船过嘉陵江，到夏坝参观复旦大学旧址；乘坐拖沙船，慢悠悠地观赏温塘峡、二岩和白羊背等沿江风景；坐上去北温泉的公交车，在北泉公园的幽静中，探寻温泉寺久远的故事；登上狮子峰，立下雄心壮志；去火车站，目睹列车风驰电掣奔向远方……这些行游，几乎是我大学时的“社会实践课”，只要提到某一个熟悉的地名，就会想起那个地方发生的有趣故事，其中满载着青春记忆。

工作之后，渐渐地变得懒惰，也许是因为太过熟悉，也许是因为工作的压力，有很长一段时间，竟对北碚的翠谷碧江、绿树繁花视若无睹。其间虽也有几次萌生写写碚城风物的想法，却因种种原因遗憾作罢。所幸的是，北碚区委宣传部和西南大学社科处给予我莫大的信任，把《民俗北碚》一书的写作任务交给我，让我的夙愿得以实现。

全书主要以《北碚非物质文化遗产名录图典》中收录的非遗作为纲目和基础材料。编写组历时近5个月，完成了区内17个镇街的实地调研与走访，搜集了许多材料，遵循“标志性民俗事象”的原则，尽可能地收纳了最能体现北碚区域特点的民俗。

本书在编写过程中，得到相关领导、长辈和朋友的极大帮助，非遗管理部门及非遗传承人均慷慨提供相关资料，这也说明北碚的民俗从来都不缺少关心的人。

本书编写的内容是集体智慧的体现，是大家共同努力的结果，在此由衷地感谢为我提供帮助的部门和单位，感谢欧开华、梁素、彭勇、朱菲范、甘锡青、欧代群、田其文、黄同德、李有贵、黄继琳、王忠、唐大焱、陈益勇、罗在宣、谢素芳、刘光红、罗继明、宋祥全、袁午南、唐锡斌、翁永贵、刘刚等非遗传承人与地方文化精英的鼎力相助。

感谢西南大学文学院民俗学研究专家余云华、王倩予，他们对本书进行了认真的审读校对，提出了许多宝贵的修改意见。特别要感谢西南大学出版社编辑秦俭老师，她对本书的辛勤付出为本书增色不少。还要感谢邢欢、曾梓苹、回诺亚同学对图书部分内容的修订，使得本书可读性更强。

《民俗北碚》是由杨亭、刘森、黄闽、刘童、孙澜僖共同撰写，以讲北碚的民风民俗为主，力求通俗易懂，间有思想启迪。我们将它奉献给读者，希望每一个阅读者都能有所收获。如果能够因此而感到北碚的有趣与好玩，那将是我们最大的荣幸。如有遗漏或不足，敬请大家批评指正，我们将在以后的编撰中加以改进。